L'ŒIL ERRĀNT

à celle que je rêve

« Un regard parmi tant d'autres, en quête d'un avenir qui nous dépasse. Que chacun apporte ce dont le monde à besoin. »

AVANT-PROPOS

Je suis terrifié par les histoires : pourquoi les commencer? Une fois n'a jamais été & pourtant tout petit, j'ai souvent attendu un départ à ma vie, qu'elle bascule à mon insu. Un coup de hasard: les histoires ont un début.

Je veux embrasser maman. Ca fait si longtemps que je ne l'ai pas embrassé, ni même prise dans mes bras, ni touchée....

Je l'embrasse. Sur la bouche

? Je suis aussi surpris qu'elle.

Ne vous moquez pas. S'il vous plait, comprenez

que les histoires n'existent que dans les histoires.)

A mon retour, j'ai dû raconter ce que j'avais vécu. Ceux que je rencontre sont étonnés quand ils apprennent ce que j'ai fait ces deux derniers mois. Ils me demandent mes impressions & ça donne:

- tu as pris des notes?

& bien.... non

- comment? mais tu vas tout oublier!

enfin, si.... j'ai essayé, mais....

- Oh! mais tu sais c'est incroyable tout ce que tu as fait là-bas! tu sais, je connais pas grand-monde qui aurait fait ça, ce serait si intéressant...."

Je n'ai rien écrit. Ce voyage m'assurait le rang de petit aventurier & je me croyais bien. J'en profitais: j'étais écouté, on m'aimait!

- ça fait longtemps que je t'ai pas vu; qu'est-ce que tu fais maintenant?

je reviens des Etats-Unis.

- t'y es resté combien de temps?

trois mois.

- où t'es allé?
oh, j'ai vagabondé un peu partout....
- ?
ouais, sans argent; j'ai fait du stop jusqu'au Texas, c'était cool.

Instantanément, je devenais le centre d'attention de quelques uns & alors; je me faisais délicieusement prier pour raconter mes petites aventures, d'un air modeste & si blasé.... J'étais envié de tous & pourtant je me détestais. Si le cercle se formait autour de moi, ce n'était pas pour me comprendre, mais pour assister à l'attraction.

Puis, à mesure que le temps passait & chaque fois que la conversation se tarissait, que tous redoutaient le silence qui arrive, qui devait arriver puisque personne n'a rien à dire.... ce silence qui durait maintenant depuis

quelques secondes tant de secondes

trop de secondes. Alors, immanquablement:

mais vous savez qu'il revient des Etats-Unis, où il a passé / oh pas encore, continuez votre berceuse de paroles sans moi; je vous en prie, laissez-moi un instant de plus en dehors de votre attention. & merde, pour vous faire plaisir
: voici ce qui s’est passé avec les amish....

Je me donnais des airs d'anciens combattants après juste trois mois de vacances! Je répétais: moi là-bas.... ce n'était plus possible. Continuer à raconter mon périple aurait été ridicule.

Je le savais dès le début. Vous ne comprendrez jamais, ça restera pour vous une aventure incroyable; mais une aventure *passée*. Une folie; un coup de tête, dont j'aurais eu la chance de réchapper.

Peu à peu, à mesure que je revoyais les mêmes personnes, ils se lassaient, l'attrait de la nouveauté a disparu. Ils me demandaient ce que je faisais de beau & je répondais que je retournais sur la route bientôt (j'allais avec un copain à Londres, ou bien Amsterdam, ou Lisbonne....) L'hiver s'installait & je ne bougeais pas, j'affirmais attendre les beaux jours pour repartir de plus belle.

J'affirmais passer mes journées à écrire; il n'en était rien. J'avais honte de ne plus avoir la force de quitter mon foyer.

Le voyage que je voulais raconter s'éloignait de plus en plus des mémoires & surtout de la mienne. Mon corps oublia chaque jour davantage la jouissance de l'errance. Aujourd'hui mon pauvre voyage n'est, par ma faute, plus qu'un souvenir moribond que je tente péniblement de me rappeler. Par paresse, je me suis éteint.

Les histoires n'existent que dans les histoires....
& la vie s'écoule au fil du temps sans histoire,

Presque sans aucune histoire.

Il ne s'est absolument rien passé.

Avant que le conte ne se termine: la morale. La conclusion ne nie pas que l'histoire continue, elle prétend seulement que cela n'a plus d'importance: la vie des héros redevient ennuyeuse après le dénouement final.

Ils vécurent heureux & le bonheur est insignifiant. Je suis comme tous les autres. Ce voyage est fini; j'oublierai vite tous les espoirs que j'ai découverts. Ainsi je vous annonce ici ces illusions entr'aperçues, en souhaitant que vous réussissiez là où je n'ai pas eu le courage de continuer.

L'HEURE COMPLIQUÉE

En y repensant, toute ma vie s'est passée avec la même monotonie qu'aujourd'hui. J'évite de penser à une fille qui me manque affreusement. Notre relation est assez compliquée & il s'est passé tant de chose entre nous que je ne me lasse pas de penser à elle. A la fin de chacune de mes rêveries, je retombe sur la même conclusion: elle ne m'aime pas.

Dans la maison de ma tante aux States, je ne l'oublie pas. J'espérais tant lire mon nom sur une petite enveloppe blanche. Depuis le 19 août, je me lève à huit heure du mat': prospectus, magazines, le gros journal comme l'aiment les américains, rien.... à huit heures cinq je vais me recoucher. Pendant deux semaines, je me précipitais après chaque passage du facteur.

Je suis parti quelques jours à la plage. Ma cousine me présentait toutes ses amies ; je commençais à me figurer qu'Ève me manquait de moins en moins; que je pense moins à elle. Ces filles me demandent pourquoi ensuite rentrer à Paris, puisque je ne m'y suis plus inscrit à la fac. Qu'allais-je y faire? Retrouver Ève ai-je avoué. Toutes étaient d'accord pour dire que c'était une mauvaise raison.

Aujourd'hui, je reçois une lettre d'elle. C'est la première & il n'y en aura plus. Elle m'a fait pleurer par le détachement qu'elle y affiche. Elle met à la fin

« je t'embrasse très fort. »

J'avais écrit une lettre où je lui montrais tout ce que je ressens pour elle; je ne la posterai pas. Je ne reviendrai pas. Je deviendrai le vagabond que j'ai toujours rêvé d'être. J'ai lu Gide & Camus….

ESPOIR DE VIE

J'ai lu Kerouac,
le symbole du vagabond magnifique.
Solitaire
& les yeux remplis d'immensité.
Perdu dans un monde qu'il découvre ;
détaché de toutes les contraintes de la société
poursuivant son rêve nu & infini
d'une vie pleine de prose.
Père de la Beat Generation? malheureusement.
Etiquette inutile pour ce clochard
cet ange fou
"ce libertin indépendant lettré & désargenté
qui s'en est allé en tous lieux".

& moi, je voudrai le comprendre;
je dévore ses millions de mots
pour qu'au détour d'une phrase
d'une image instantanée
je parte moi aussi
je saisisse la simplicité du monde
renonce à arriver
pour me consacrer à suivre mon chemin.
(Au nom de Jack London & de Walt Whitman, Amen.)

Les sentiments, la beauté, la sincérité, la précarité, l'aventure? Or les jeunes de maintenant ont de l'ambition & ce sont là des valeurs rejetées.
J'ai écrit :

Vivre désargenté & exalté,
subir les désagréments du froid & de la poussière

pour retrouver cette liberté impossible que tous croient
interdite.
& je m'essouffle dans un songe où notre amour
est la Vérité,
où je ne vis que pour créer & aimer.
Je bannis au pas du rêve les contingences;
j'aime,
je crée & je ne travaille pas!
- J'enfante juste quelques chimères passionnantes
qui crachent avec frénésie
l'imagination souveraine.

Je parle:
" C'est bien de garder fermé la nuit
" les seuils des jardins
" & de les offrir aux bienheureux, ceux détachés
" du monde par leur contemplation de la vie.
" Les offrir à ceux qui cueillent l'isolement,
" son voluptueux dénuement, sa sensibilité,
" qui cultivent la révolte contre le réel.
" La douce fuite pour mieux jouir de soi,
" pour comprendre à deux le sens d'une vie,
" le sens du monde sincère. "

La vision presque réelle: face à moi?
Elle. Elle m'écoute.... je la trouve si belle.

Comme ça, être le centre de son attention.
Je fuis son sourire,
je voudrai arrêter de parler
nous faire tomber dans la confiance
qui dévoile sans explications, doucement, les êtres
dans le flou.
Ne rien attendre en retour de ce rêve que l'on offre
comme un jeu à construire soi-même.
Mais savoir aimer & se faire aimer,

être aimable.
L'espérance survit
grâce à la faiblesse
& à la démence des hommes.

Souvent lorsque je ressens
le calme de la nuit me pénétrer,
je sais
que l'esprit dépend du charnel:
Je vois que le monde est mon spectacle,
la vérité est que tout
est ma création,
TOUT

n'est qu'une simple & éternelle
recomposition de la vie par l'imagination:

je vois une fontaine de mosaïques,
& un chat noir
dont les yeux éclatent discrètement,
puis une pluie fine dans un ciel invisible,
nous sommes ensembles pour ce soir.

Je dis: « Bienheureux celui qui soigne l'isolement
pour rechercher l'irréel palpitant du monde,
le moteur du cœur. »
.... mmmhh,

& s'il ne restait plus que la poésie de vrai,
?
(= la mise à nu par la
fusion des imaginations latentes.)
Juste de quoi
se détacher de l'agitation,
montrer la différence qui nous rend tous semblables

...   pour se faire aimer.
Nous dépendons de l'amour,
vous dépendez de l'autre.
Ils dépendent de toi, Seigneur.

Comme je méprise ce débauché
vêtu d'un magnifique loden!
— comme je voudrais être un asocial
indépendant,
lettré,
désargenté,
je m'en irai en tous lieux!
juste trouver en moi de quoi créer et
de quoi écrire mes sentiments,
de quoi découvrir mes visions
pour les offrir aux personnes que j'aime.

Je n'y arriverai sans doute pas.
Je ne veux plus être seul;
je voudrais tant que nous nous aimions:
impossible,
mais
on fait ce qu'on ne peut pas éviter, et
on est ce qu'on souhaite devenir.

....   car seules les intentions comptent.

& je n'ai même pas regardé ma mère en partant. La voiture blanche aussi s'en est allée, après que j'eusse disparu au coin de l'immeuble. J'ai marché vers le centre de la ville l'esprit étrangement vide. Hors de portée, tout s'estompe enfin.

J'essaie de marcher un peu au hasard, mais je sais où aller. Avant de quitter la maison, j'ai pris la précaution de relever l'adresse de l'Information Center. Je remarque vite sur l'avenue Kennedy un drôle de bâtiment rond au coin d'une plazza en marbre, longée d'une poignée d'arbres urbain. (Il y a à peine cinq minutes, j'ai mis mon sac à dos d'un mouvement énergique & son poids semblait raisonnable. En gravissant les quelques marches, il me pèse & commence déjà à me faire mal.)

Je suis rentré dans ce cylindre à touriste parce que je ne sais pas par où commencer. Je me dirige vers une femme encore jeune qui me sourit en secouant la tête lorsqu'elle apprend que je veux aller à pied à Lancaster. Une jolie femme derrière le comptoir me sourit maternellement en secouant la tête. Je prends les cartes qu'elle me tend & je descends les marches en rêvant à son regard.... elle n'a pas décroché ses yeux des miens; à un tel point que je me sentais incapable de m'en aller. Heureusement qu'elle m'a laissé partir, je crois qu'elle m'aimait bien! Elle m'a donné l'adresse d'une auberge de jeunesse pas chère, mais je dois me dépêcher d'y aller car les lits s'y remplissent vite. Elle m'a conseillé de prendre le bus. Je ne comprends pas la peur que mon rêve inspire aux adultes.

DEVANT

Dans la ville chacun sait où aller :
— ils se sont habitués à leurs trajets
On me regarde détaché de tous :
— je suis le vagabond qui étonne
Je vois leur envie sans comprendre
je marche à pied c'est tout?
Je suis l'étranger
Détourne ta route
vers l'arbre qui irrite la curiosité
assieds-toi Aujourd'hui,
ta seule occupation est de marcher
alors va au devant de tes yeux qui fouillent l'horizon
Ton intérêt est de voir ce qui t'est caché
le bout de ta route se trouve derrière
Le regard prépare le chemin & dirige
là (car là-bas est ici) je me sens seul.

Demain, je dois être détaché de tout & de tous. Je dois partir & n'aller nulle part: je dois éternellement me trouver à destination. Mon destin est le présent.

Demain, je suis disponible à la vie. Je veux pouvoir m'offrir le monde, rencontrer des vies & ne jamais avoir à penser aux conséquences. Je veux être seul.

Tout voir, car j'abhorre la réalité.

Les autres:

- mais où vas-tu dormir? tu sais où tu vas au moins? tu connais quelqu'un là-bas? tu as une voiture? tu as de l'argent?

L'ARGENT.

- Il faut que tu trouves de l'argent; il faut que tu travailles; il faut que tu ailles à l'école; il faut....?

- Il faut que tu planifies ta vie!

Eux, savent ce qu'est la vraie vie. Ils savent ce que je dois faire. Mais je sais, moi, que je ne veux pas savoir ce qu'ils savent. Parce qu'il disent tu ne connais rien à la vie; mais eux sont malheureux. A quoi sert de savoir ce qu'est la vie si c'est pour être ainsi éteint de l'intérieur? Je ne veux pas être frustré comme tous ceux qui me donnent tant de conseils.

Je veux vivre une journée à la fois. & je sais que pour vivre la journée, il suffit de manger un peu & de dormir autant qu'on peut. Ne riez pas: demain, je vais le prouver. & lorsque vous apprendrez ma vie, vous n'en reviendriez pas. Car vous êtes dans votre tort! La vie est simple est belle; la vie, c'est aujourd'hui.

Curieux d'un rêve que l'on découvre par hasard, que l'on recrée avec délectation dans ses fantasmes. C'est un ailleurs simple & beau, un lieu détaché du temps & qui n'appartient qu'à l'espace.

On parle de ce malaise des jeunes: c'est parce qu'on ne leur a apprit que l'approche linéaire de la vie. Ils tentent de chercher leur salut dans le futur: plus tard, quand je serai, lorsqu'enfin j'aurai, ferai, terminé, connu.... La vie est l'instant, tout le monde le sait & personne ne l'a compris. L'apathie cesse avec l'approche d'une démarche de vie. Tant d'espaces & si peu de temps.

Je veux aller au pays de Galles trouver les Travellers & connaître les histoires de leurs vies, me rendre compte un peu plus que ce que j'ai entrevu pendant mon escapade n'est pas un mirage de désirs. La simplicité existe, je l'ai cherchée & vue. Les Mennonites & la Nouvelle-Orléans sont sur la même route que les tribus néo hippies.

Ma route que je cherche & qui m'emmène où elle le veut; sur l'instant. Je suis guidé par mes images d'épinal & le hasard qui m'en procure toujours plus. Je les ordonne & je me dirige vers elle. Si mes pas m'en détourne un instant pour glaner d'autres envies: mon cœur reste attentif & m'apporte le but de mon voyage. Tôt ou tard, peu importe puisque je serais là où mon rêve est réel. Où il prend la réalité de court.

Je pensais n'aller nulle part, mais je me rapprochais d'un but. Mon voyage est une vie qui se développe & cherche sa maturité dans les mythes.

J'avais tort d'opposer mon rêve à la réalité, puis j'ai eu tort de les mélanger. Tout change lorsqu'on apporte sa vision en témoin du monde; envies ou regrets. Le monde qui abrite la vie reste tel quel, il ne demande qu'à prendre la forme qu'on lui rêve.

C'est seulement le regard de l'homme apposé à la vie. Le rêve désigne l'existence dans sa simplicité toute-puissante, tel qu'il devrait être vu par tous. Heureusement pour les nombreux rêveurs de la planète, ce secret restera soigneusement gardé; non par jalousie ou ignorance, mais par incompréhension.

La culture du rêve. Une suite agencée au bonheur que l'on fantasme: cela commence par faire naître la curiosité; après, tout s'enchaîne ensuite comme par enchantement.

La curiosité entraîne la quête, qui amène la rencontre. La rencontre permet à l'homme d'aimer; l'amour à l'intuition, l'intituition guidant vers le but à atteindre.

A partir de là, c'est ainsi que l'intuition de la vérité ramène une curiosité redoublée. On apprend que l'on sait & enfin on comprend *ce que* l'on est. La compréhension ajoutée à l'amour (qui ne s'oublie pas) rend l'homme capable d'aider & de s'entraider: Aide-toi de tes ressources pour aider les autres. En même temps, d'autres t'aideront (à être curieux, à rêver, à aimer, à chercher, à rechercher).

Vivre enfin comme il le faudrait.

Voir la vie en elle-même belle
& simple dénuée
de toutes les complications des hommes:
ainsi, ne jamais assez se méfier
des fluctuants rapports sociaux,
& mener une vie de lucidité totale.

Rechercher la simplicité &
contempler le temps;
accepter toutes les vies jusqu'à la fin.

Ne pas considérer l'expérience
comme une fioriture de la vie,
mais laisser l'expérience nous modeler
à son image.

Laissant l'inconnu nous ouvrir à ce qui est étrange,
la Vérité est partout ailleurs:
c'est ce qu'on ne connaît pas
& ceux qu'on ne voit pas.

La théorie est bonne si elle pique la curiosité
& appelle le désir d'un toucher;
celui de vivre l'expérience.

Seul peut exister ce qu'on touche:
la vérité se *sent*....
se jouer des démons de la facilité.
Vivons les expériences jusqu'à ce que
l'expérience devienne la vie.

Là je m'assoie; je me repose
 & je pense à ma soif.
Passe ta journée à vivre: la vie marche & ne passe pas!
Question de ma mère:
- quelle est ta raison de vivre?
aujourd'hui.
(Elle ne comprend pas ma réponse: s'acharne:
- & demain? la semaine prochaine? dans un an!

Dire non aux ordres:
 obéir, c'est jouer avec l'autorité pour en retirer des bénéfices.
 Je tolérerais à la rigueur l'obéissance totale
 qui ne demande rien en échange de sa soumission:
 ni argent, ni tranquillité, ni paradis, ni prestige, ni pouvoir.

Sigh!
  Il est probable que jamais le sentiment d'obéissance
ne produira cette merveilleuse abnégation de soi.
  Exemple de ceux qui font aux restos du cœur
 ce qu'ils ont à faire.... & c'est bien,
 mais beaucoup d'entre eux disent qu'il faut
 aider les pauvres de chez nous
 avant d'aller voir ceux de là-bas:

 je leur crache à la gueule;
je ne veux pas être un bénévole
    (parce qu'ils rentrent le soir chez eux).

    & je regrette que les nouveaux clodos se satisfassent de l'aide qu'on leur donne: je voudrais qu'il cassent tout & aillent bouffer le repas des évêques.

Le héros est la personnification des hasards.

Ils disent que l'intérêt apportera détail par détail
un tableau s'approchant à chaque touche de la vérité;
celle-la même qui a déjà été trouvé par les fous méditatifs,
les sages souriants & les débiles,
ces handicapés ou surdoués de l'intelligence.

L'intellect est libre, voit soi & le néant, la guérison & la douleur & les passions de la création ou de l'amour. Les vrais amoureux ne sont pas des collectionneurs mais des gourmets exigeants ou curieux. La Morale dit que tu ne tueras point est une Vérité éternelle.

Samedi. Je vais me coucher. Mes rêves jusqu'à demain midi m'auront -à la fin de chaque cycle de sommeil- suspendu entre réalité & chimères & me dévoile la situation.

Demain, je préparerai mon départ,
mon sac & ma doc,
ranger la chambre -ne rien laisser,
ne pas oublier la ficelle: scotch: balles de jonglage: dictaphone:
argent: carnet d'adresses: feuilles blanche: tente: treillis.

Les cadeaux pour Ève avant de la quitter
(la peluche la chemise de nuit les colliers & les boucles d'oreilles.). Trouver une femme c'est la loi.

C'est mal de voler.... mais c'est excitant.
-Thanks to god, i'm a vip.
Pas de goûts; des curiosités.
Un animal qui écrit sur la pierre.
Un cri primal animal: nous sommes le souffle de parole
Tant d'hommes sur terre font le mal, alors ?
la solution à trouver (+/- correctement)
se cherche chez son fantôme; le passé des hommes
ouvre tant de choix pour agir.

[l'histoire ne se répéte pas :
les histoires se racontent.]

Quelque soit le nombre de cacahuètes renversées, je les ramasserai jusqu'à la dernière c'est évident; & le tout est de ne rien laisser au hasard
investiguer soulever tous les recoins
ah sur le lit deux autres sur la table
une dernière une à l'entrée, il n'y en a plus.
Plus qu'une derrière les fils, quatre sur mon siège
& tous les autres autours de la poubelle.
Parfait....
oups, encore trois qui tombent le long de mes jambes
....je n'en aurai pas fini!

SOIREE DU SAMEDI

Le digicode ne s'est pas composé, juste la porte a cliquetée, ouverte électriquement de l'intérieur. Quatre heures du matin. J'accompagne la porte cochère ; l'assourdissant clic, déflagration résonnant dans la calme pénombre de la nuit. Ma main reste collée à la porte pour l'accompagner, l'air froid vibre et s'ébruite tandis que je m'éloigne ; la marche me réchauffe.

Je m'engage dans une rue ; m'imprégnant de l'audace distillée par les vents de Paris. L'église de la Madeleine s'avance vers moi. Elle m'attend, m'épargne tout effort, car la grille du côté est ouverte. L'homme passe sa vie à vouloir boucher les trous qu'il rencontre, me disait Sartre.

Je suis au bord des hautes marches, surplombant la place, admirant les vies qui défilent & s'éloignent sagement, vaincus par la société & contentés des joies narcissiques & fugaces de l'éternel samedi soir.

Quant à moi, je revis sur ce marbre ma jeunesse. Embrigadé, à l'époque, déjà certain de m'échapper. Embrigadé, encore maintenant, ma délivrance approche. Mais j'étais jeune, en culotte courte & bleue, sur ce même parvis. Alors que je me sens vieillir, le temps passe & dépasse la vie. Rongée, martelée, la roche est vaincue & laisse le souffle à une génération nouvelle. L'ensemble est magique, irréel. Ma vie est à part, préservée, solitaire. Envieuse, jalouse, tourmentée, incertaine. Vivante....?

Je contourne le grillage, je m'assieds contre une colonne. Je m'allonge presque & je rêve. J'aime cette carte postale qui s'insère hors des limites de mon imagination. Mes idées qui s'impriment & convergent en des filets rouges & noirs. Toutes mes visions qui se concentrent.

Je ramasse une masse d'un chantier qui traînait dans un recoin en travaux. La vie est un jeu, collectivement individuel, sans règles, il se doit d'être déréglé. Le savoir-vivre, c'est savoir jouer avec les autres. *Je ne veux plus manipuler personne* : j'ai sauvé, à cet instant précis, l'humanité tout entière. On m'a vu. & On croit déceler une pincée de culpabilité dans ma réaction, un pied de biche à la main & une pancarte en bois dans la poche.

Je suis tenté par la plaie béante & illuminée, le trou béant des travaux du futur métro 14. Je vais m'en approcher. J'escalade décidé le frêle mur métallique, mais il est trop instable, j'abandonne. Je longe le trou. & j'ouvre la porte, qui là aussi n'est étonnament pas fermée. La vie est parfois aussi simple qu'un script. Je me suis mécaniquement dirigé vers le froid halo de lumière. Port du casque obligatoire. Accès interdit à toute personne étrangère au chantier. Danger. Je pousse le loquet, la porte s'ouvre : elle était restée ouverte. Quelle idée de me tenir si près du vide? tout est éclairé. La lumière agresse; c'est un brasier intense, un enfer sous terrestre.

Je repars, déterminé à retrouver ce qui est advenu de ma jeunesse & je me dirige vers l'espace de récréation de mon St Roch d'enfance. Le patron des souvenirs. Ma quête me pousse rue de Rivoli vers un bouquet de fleurs. Des fleurs blanches, à terre, piteuses dans un vulgaire sac en plastique. J'en délivre un brin. Un flic fait les cents pas dans mon dos: a-t-il vu; voit-il la vie, engoncé qu'il est dans ce couloir immatériel du devoir, interchangeant pour le reste de son éternité deux horizons bornés par ses va-et-vient sans but? Je m'en fous.

Je le concède, un jeune parisien en T-shirt sous son manteau, celui-ci largement ouvert aux généreuses bouffées d'air glacial qui s'engouffrent entre les arcades bordés de riches tentures déchirées: une fleur, blanche, au poing & une démarche vaguement dansante effarait ce sage groupe de touristes qui s'en retourne à la maison. Il est sincère lorsque, condescendant & heureux, Il détache quelques corolles pour les tendre à ces filles. Il est content, remet une chaise contre la devanture du café.

Le Parc est lugubre, vide & m'attend lui aussi. Je pars en reconnaissance de mes souvenirs & de mes douves d'enfant. Ignorant des coutumes, des hommes ont comblé les fossés de mon jardin, m'interdisant à tout jamais de faire de même avec mes souvenirs épars. Défiguration profonde de mon espace enfantin. Suis-je condamné à vivre dans le présent ?

Ma cabane était une niche de verdure dans un endroit publique & désert, je revois la terre poudreuse que nous avions balayé, les chaises grises ciselées & écaillées, qui faisaient crisser le gravier lorsque moi & Philou les déplacions vers notre antre retiré des regards d'adultes. Nous restions là, loin des bruits de nos amis & nous rêvions, à une vie idyllique, cachés pour toujours à cette place merveilleuse. Près des statues de bronze que nous chevauchions & entre les pattes desquelles nous nous blottissions, contre le métal verdâtre & froid, parfois baigné de flaques d'eau sale.

Mais aujourd'hui, les pattes de lion ou de rhinocéros : je ne peux plus m'y abriter & je m'assoie songeur sur le socle de pierre incrusté d'énigmatique coquillages voyageurs. En silence, dans la terrible, dans l'éternelle indifférence générale, la paroi qui faisait face à la pente de gazon, au pied du seuil de notre cachette, cette paroi est ensevelie & les fines marches, émoussées par nos incessantes escalades, ne sont plus. Le retour pressé à la vie normale n'est plus nécessaire: la vie normale remplit tout l'espace, on ne peut plus se retourner vers le passé, il est impossible de s'y enfuir. Il y avait autrefois un parterre où on entreposait les usures de la vie quotidienne, les chaises amputées conversaient avec les bancs effrités. Des morceaux de statues se tenaient à part, attendant dans un silence irrité.

& l'amertume du jour naissant me révèle le voyage entreprit. La lumière blafarde m'avait accordé jusqu'au jour pointant quelques uns de ses rayons blancs qui bleuissent les pages des livres. Or la terre a tourné & révèle à Paris endormi la couleur du soleil.

Mais où sommes-nous? Les hautes terrasses, qui se découpaient il y a quelques minutes du ciel bleu de nuit & formaient une solide forteresse, prennent à la lumière nouvelle un éclat mat & jaune. Des grains virevoltent, du sable s'écoule entre les pierres massives qui se descellent. Les pierres de taille s'effritent sans un bruit, des brèches forment des ombres.

& rapidement, elles accélèrent leur danse chaotique, les éléments, incontrôlés, se précipitent pour rejoindre la saine poussière de leurs ancêtres, les sédiments s'enfuient enfin dans la suspension de la matière perdue.

Les murs s'affaissent lentement sous l'effet d'un vent chaud, les arrêtes se courbent & une poignée de colline grossissent par grappes, sous mes yeux embués d'émotion.

Le château s'écroule & le sable recouvre à présent la majeure partie de mon horizon, les aspérités du sol s'étendent, des ridules apparaissent fugaces, avant de laisser place à des vagues mouvantes, qui se déplacent ensemble, sur des lignes espacées & se rapprochent de moi.

L'endroit –aussi appelé front du fer à cheval- est méconnaissable. Il s'est irrémédiablement enfouit dans les profondeurs limoneuses, prêt à être déblayé par d'intrépides chercheurs de trésor, dans quelques dizaines de siècles. Le tout me fait l'effet d'une pelure d'orange qui se dessèche & se désenfle. Une enveloppe écorchée par un regard appliqué car inassouvi.

Je reste donc assis confortablement sur une chaise moderne & lourde, qui écrase le sol au lieu de le faire doucement chanter comme dans mes souvenirs d'enfant.

C'est maintenant la revanche du minéral soudain animé par l'haleine magique de la brise de la mer rouge ; le sable entoure les pieds de la chaise, il comprime le fer, qui se réduit vite à de la poussière verte & aimantée. Péniblement, je m'avance alors vers la grille dorée, dont les barreaux transversaux se couvrent d'une pellicule sablonneuse, puis des monticules se bossellent entre les barreaux de la grille ouvragée piquée de fleurs de lys.

Elle s'ouvre devant moi. Au coin, une plaque émaillée annonce l'excommunication de la place: une ligne sinueuse précise poliment que je suis à Louqsor & l'obélisque retrouvé atteste cette affirmation inattendue, sans que j'en sois émut outre mesure. Je ressens une certaine candeur souffler dans mes cheveux, nullement surpris de la vue renouvelée qui s'offre.

Les Tuileries ont magiquement disparus & j'imagine déjà pouvoir retrouver sous les fondations du parc les vestiges intacts du temple de Karnak dont l'obélisque solitaire m'indique l'entrée Ouest, celle qui se ferme sur le disque de la prospérité, en faisant ses adieux journaliers.

Je me sais rescapé de l'espace & fais ici justice à Amon-Rê. L'obélisque jumeau avec ses inscriptions symétriques est redescendu de sa base dont le sens ne pourra jamais être saisit. A la gloire du roi d'un autre temps, en la septième année de son règne, usurpateur de la grandeur des Pharaons. Je contemple le spectacle de l'évolution naturelle, heureux que l'insipide notion du temps soit enfin vaincue.

A mes pieds, deux palmiers décapité, verts & veinés de dorures qui serpentent autour du tronc chaud. Le soleil du dôme des Invalides s'est évaporé parmi les volutes incertaines crées par le ciel brûlant, tout comme le petit Palais qui s'est fondu dans l'air uni pour laisser humblement place à d'illustres colosses.

La tour d'Eiffel n'est plus, alors que les marronniers perdent avec légèreté leurs petites fleurs blanches. Hier encore, les arbres s'étaient répartis suivant un maillage dans la tradition des jardins à la française: homogénéité de dimension, zones à tailles architecturées, effet de rideau & d'essence dans des salles & des exèdres surveillés.

A mort les ornes du bord de l'eau, les tilleuls sur les terrasses & surtout les vulgaires platanes des parterres sans goût! que vivent dès cet instant les grandes plantes exotiques! L'oasis octogonal s'est asséché de ses derniers sanglots qui laissent une fange spongieuse, mais le fleuve à ma gauche a triplé de largeur, il est la source du monde & la vie reprend son cours ininterrompu.

Sur le fronton de la Washington Union Station il est écrit:
Celui qui veut ramener chez lui les richesses des Indes
devra transporter les richesses des Indes avec lui.
C'est ainsi quand on voyage.
Un homme doit porter la connaissance en lui
s'il veut apporter chez lui la connaissance.

Espérons que la versatilité du temps soit rendue éternelle un bref moment encore, afin d'inventer pour elle une continuité vivante & incertaine. Une plage de sable désertique, blond & fin, peignée par le hasard.

Ceci est un départ intéressant & inconfortable. La vie est une besace de pèlerin qui recueille les pierres glanées au fil de la promenade.

[On connaît les deux genres d'écrivains. Or, il n'y a pas ceux d'un côté qui y réussissent & d'autres incapables de révéler leur talent dans l'épanchement instantané : il y a ceux qui se retrouvent dans l'écriture sauvage & ceux qui ne s'en satisfont pas.]

Mon Doux, cette longue ballade dans Paris caché, fermé, est-elle de la dérive? Je ne connaissais pas encore la "dérive" urbaine comme jeu poétique subversif. Je l'ai pourtant bien pratiqué: aujourd'hui, je me sens heureux de retrouver là les bases théoriques de l'écriture.

Mais la nuit était ainsi le défouloir de mes besoins de transgression. Plus, j'y sentais un monde insoupçonné au sein d'une société qui repose sa vie sur la léthargie & la banalité.

Mon expérience était celle d'un marginal inconscient de la portée de son geste, qui refuse même de se considérer en marge. Il ne recherche pas le risque, ne répond pas à l'appel du danger salvateur ; sa transgression est radicalement & gratuitement subversive. Gratuite car énoncée comme personnelle & non doctrinaire.

Un seul programme pour Vaneighem: "Tout fonder sur la subjectivité & suivre sa volonté subjective d'être tout". Je le ressens en reconnaissant la portée doctrinaire & révoltaire de ce message. Une banderole, presque, capable par son originalité même (à l'époque) de regrouper une banale aspiration à la liberté & à la fantaisie, bien vite mise de côté au profit de la conquête d'un rôle dans la société.

Je suis seul chez moi, samedi soir, je ne me comprends pas. Marie me demande de venir à une soirée avec elle, je refuse maintenant d'y aller; Charlie m'invite à sortir avec des potes ce soir, je dis non.

Je veux sortir, il est trop tard maintenant, je pense à Delphine qui est à la soirée des anciens élèves de son bahut, je la sais à quelques minutes de chez moi, je relis la lettre que je lui ai écrite & que je ne lui enverrai sans doute jamais. Je suis trop vulnérable & incapable de me faire aimer, terrible looser. Dahlia ne m'appellera jamais ; Catherine étudie, être seule ou avec moi revient au même pour elle; Katia s'attache à moi. Fanny a été sympa, on verra.... Rita est loin; Carina aussi.

Je suis seul, avec tous ces noms qui s'impriment sur les murs de ma chambre. Autant de fenêtres sur un monde extérieur inaccessible, d'aiguillon pour ma solitude revendiquée comme un mal nécessaire. Vision fabriquée en quête d'un idéal déjà prisonnier de lui-même. Je sais que Fanny m'appellera & je contacterai Rita dès mon arrivée à Lisbonne. Katia veut que j'écrive des paroles en anglais.

Un jour, peut-être, ferais-je illusion, quelqu'un croira-t-il voir en moi un écrivain plein de ressources, une mode me portera, plaquant sur moi une aspiration collective à la liberté qui voilera mon absence de talent.

Je suis seul parce que je fuis la réalité, trop heureux de créer des images à partir de la nature, de les combiner entre elle pour découvrir que mon esprit peut se matérialiser dans des songes à la frontière du vécu & de l'imaginaire.

Je dors donc le jour, me réveillant le soir venu, tentant de trouver en moi le talent à créer ma vie à l'écart de ce peuple si différent de moi, si médiocre & inintéressant.

"Une atmosphère typiquement orientale y règne & l'on apprécie de flâner dans les ruelles tortueuses & grouillantes de boutiques. Tout l'artisanat locale y est présent, bijoux, soieries, étoffes, parfum...."

Tout en lisant son guide sur les Souks de Khan el-Khalili, ma mère jetait par la fenêtre du taxi de furtifs coups d'yeux avides de dépaysement. Elle se délectait de ces descriptions gorgées de couleur locale & s'était bien jurée de profiter au maximum -c'était là son expression préférée- de ces quinze jours que nous passions au Caire.

Depuis toujours, elle avait rêvé de visiter l'Egypte & ça faisait bientôt un an qu'elle planifiait nos vacances de Pâques: elle s'était procurée à Paris plusieurs guides & avait passé les quatre ou cinq derniers mois à apprendre par cœur les parcours touristiques élaborées dans les livres.

J'avais évidemment vite pris en horreur les conseils distillés avec bienveillance au fil des pages en papier glacé & je me préparais, bien à contrecœur, à suivre pas à pas les quinze circuits fléchés.... Une promenade par jour, aimait-elle à dire.

- Voyons Pace, regarde autour de toi! suppliait-elle presque, essaie donc de mettre à profit ton séjour ici.

Puis, ayant attendu un instant que j'obéisse, elle me prévenait en récitant sa bible abondamment illustrée:

- Crois-moi, le Caire est si riche en monuments que le temps te semblera trop court pour le découvrir.

J'aurais voulu lui répondre que je me foutais bien des cinq cent mosquées. En fait, ce voyage m'était plutôt apparu comme l'occasion de me reposer dans une somptueuse mosquée, m'allonger sur le tapis rouge, les bras croisés sous la nuque, pour pouvoir lécher du regard les chaudes décorations dorées. Ou même scruter fixement les lampes de verre suspendues au dôme par des chaînes circulaires, jusqu'à ce que les petites boules lumineuses qui brûlent mes yeux ; & seulement à ce moment, fermer les paupières....

Puis rêver autour de ces éclairs verts & rouges qui dansent au fond des deux rétines, s'estompent & se ravivent, qui glissent lorsque je roule mes yeux & font encore des tâches dans le ciel lorsque dehors, je suis en train de remettre mes chaussures.

Mais pour ma mère, ce serait là gâcher son temps. La visite d'un monument ne pouvait se concevoir sans la lecture préalable du guide qui en retraçait l'historique & en décrivait les centres d'intérêt, permettant ainsi de délaisser sans regret ce qui ne figurait pas sur la visite conseillée.

A vouloir tout retenir, elle ne voyait rien. Alors je l'écoutais & fixais sans grand intérêt les paysages au travers du pare-brise maculé. Nous étions partit de bonne heure ce matin ("pour profiter au maximum de la journée") & mon frère surexcité avait hélé un de ces innombrables taxis qui sillonnent les quartiers résidentiels d'Héliopolis.

J'avais été plutôt amusé de voir ma mère regarder avec dégoût le minuscule & poussif taxi. Il était effectivement fort pitoyable d'aspect, à en devenir nauséabond, m'avait-elle confié peu après, alors qu'elle s'extirpait en râlant de la conserve blanche & bleu foncé. Pour ma part, j'étais confortablement installé à la place du mort, recroquevillé sur un siège de mousse dont le tissu avait été déchiré & qui était très moelleux.

& petit à petit, j'avais senti que ma mère oubliait ses appréhensions: elle s'était décrispée en remarquant que les véhicules qui nous croisaient étaient tous aussi délabrés les uns que les autres, ce qui les rendaient mutuellement inoffensifs; ainsi il n'y avait aucun besoin d'un code de la route que, sans doute, personne n'aurait respecté.

- La circulation est étourdissante, me lança ma mère, à présent tout à fait amusée, tandis que nous traversions les quartiers successifs du Grand Caire.

Je passe au travers des quartiers successifs & en effet, noyé au sein de cet étrange ballet métallique de ternes carrosseries mouchetées par la rouille, je me voyais submergé par tous ces insectes vétustes qui fumaient & s'emboîtaient magiquement les uns à côté des autres.

Le tout me faisait l'effet d'une chorégraphie improvisée à chaque tour de roue, sur une cacophonie nerveuse de klaxons atonals.

- The drivers of the goose, me dira un jour un conducteur dont la main restait anormalement muette, they are affraid of their own shadow and scream for no reason.

Il citait en anglais un auteur français & nous avions passé le trajet à chercher le nom de l'écrivain qui comparait les conducteurs cairotes à des oies.

De temps en temps, je détachais mon attention des voitures qui nous frôlaient avec délices pour regarder le paysage qui fascinait tant ma mère. Il était parsemé d'immeubles en construction dont les squelettes gris & terrifiants faisaient l'effet de corps décharnés & d'une terre en destruction.

J'y voyais quelques barres de fer rouillé qui s'extirpaient de la terne masse ajourée & se tordaient avec une douleur évidente. C'était un horizon sale le jour, vidé de ses âmes parties travailler au Caire, la ville qui les happe & se gonfle de leurs vies.... & sale la nuit, éclairé par la lumière blafarde de cette route, de ce large couloir vrombissant. Tout dans cet immense dortoir m'apparaissait si macabre, partout des immeubles écorchés me rappelaient que le progrès est une idole brillante.

Car je sentais dans cet agencement fastidieux & chancelant le besoin de retrouver une splendeur passée, celle des Pharaons ou des princes Mamlouks. Ces efforts pour

atteindre le beau mythe de la modernité, pour rattraper un supposé retard sur l'occident civilisé, m'attristaient.
- *Je crois que le progrès est le misérable expédient des pays riches, ceux lui-même où le soleil vient régulièrement mourir.*

J'avais dit ceci d'une voix éteinte, tragique & personne ne m'entendit; il est possible que je n'ai même jamais prononcé aucune de ces paroles.
- Voilà le grand bazar du Caire! cria ma mère au comble de l'excitation.

& le taxi s'arrêta délicatement avec un bruit de frein qui lustra le sol. Nos hôtes, installés au Caire depuis quelques années, nous avaient recommandé de discuter le prix de chaque course avant de monter. C'avait été pour la première fois l'occasion de surveiller d'un œil amusé le compteur, qui était resté immobile, indiquant tout le long du trajet six livres égyptiennes.

C'était un prix sans doute spécialement destiné aux touristes, puisque par la suite, je remarquais que tous les taxis bloquaient leurs compteurs sur cette somme symbolique; puis le chauffeur nous extorqua encore cinquante piastres. Ma mère s'en rendit ensuite compte & m'expliqua en se justifiant, il a rendu un billet de cinquante piastres au lieu du billet d'une livre. Il dirais que "c'est toujours ça de prit".

Ce discours risible, que j'écoutais distraitement en hochant la tête d'un air approbateur, me rappelait cependant furtivement un mot découvert chez Nerval, qui m'avait fait sourire & que j'avais noté: *voleurs! les égyptiens.... ils n'ont pas assez de courage; carotteurs, tout au plus.*

Mais je n'y pensais déjà plus, le taxi s'était éloigné, nous laissant au milieu de la place qui sépare le bazar de la mosquée el-Azhar & je me sentais perdu. "Une atmosphère typiquement orientale y règne & l'on apprécie de flâner dans les innombrables ruelles étroites & tortueuses, grouillantes d'échoppes & d'ateliers." Je ne connaissais le Caire qu'au travers des descriptions récitées par ma mère & m'en étais contenté; mais jamais je ne me serais préparé à une telle impression de confusion. Incapable de saisir la totalité du vaste spectacle, je restais un instant interdit au bord du trottoir, lorsqu'un garçon aux pieds nus & sales me bouscula en s'excusant. Ma mère avait posé sa main sur mon bras & lisait d'un air mystérieux une recommandation supplémentaire:

- Laissez-vous séduire, mais n'oubliez surtout pas de marchander pour vous faire des amis.

Excitée par cette perspective, elle se décida à plonger dans l'îlot fourmillant. Je me tenais en retrait, mal à l'aise.

Je repensais à mon arrivée la veille au soir & à la décevante sensation que j'avais eu en débarquant de l'avion: celle de n'éprouver aucune sensation. Abreuvé depuis des mois par les descriptions épiques de ma mère, je m'étais attendu à un choc culturel intense & j'avais presque prévu de me forcer à tomber instantanément en extase devant ce pays dès ma sortie de l'aéroport.

Au lieu de cela, j'avais observé ma mère enfiévrée qui récitait à une vitesse prodigieuse tous les sites dignes d'intérêt & lorsqu'elle avait prononcé le mot "Pyramides", j'avais bien cru que mon frère exploserait d'impatience, tant ses yeux injectés de passion avaient trahis son enthousiasme. J'avais été effaré.

- Mais Pace, ça ne te fait donc rien de te retrouver en Egypte? avait-elle alors demandé, visiblement froissée que je n'arbore pas une joie aussi démesurée que la leur, n'est-tu pas excité à l'idée de visiter un pays lointain & fascinant, rencontrer des hommes qui vivent différemment & voir des coutumes nouvelles?

A notre aterrissage, j'étais resté peu dépaysé. De mon siège en plastique vert pomme, j'avais pu contempler à loisir le hall, les murs froids de marbre blanc, le sol carrelé qui claquait ou bien couinait sous les pas pressé des voyageurs, les annonces doucereuses qui résonnaient le long des larges couloirs aseptisés. Je connaissais bien tout cela. J'y étais déjà il y a quatre heures, le même marbre au mur, la même voix dans

le haut-parleur & le même sol marqué par les traces des roues de gomme grise des mêmes chariots nickelés.
- Tu es si peu reconnaissant pour ce que tes parents font pour toi. Nous t'avons tout de même offert une extraordinaire opportunité de découvrir de nouveaux horizons! Mais c'est ça, la "gimme generation", vous vous attendez à ce que tout vous tombe dessus d'un coup & lorsque vous recevez ce que vous aviez désiré, vous trouvez ça tellement naturel que vous ne pensez même pas à dire le plus petit merci.
- Merci.

Je savais qu'elle raison, mais j'étais lâche.

J'avais lu une parabole que je trouvais merveilleuse: autrefois, il y avait trois chemins qui menaient à Bagdad. Le premier était très long & celui qui l'empruntait arrivait en six mois à destination. Un second, cependant, était plus rapide, mais présentait quelques dangers: certains voyageurs n'étaient jamais parvenus à Bagdad, victimes malheureuses des brigands qui infestaient les abords du chemin.

& enfin, le dernier moyen de se rendre à Bagdad était de loin le plus court. Or, c'était aussi le plus intense & le plus périlleux ; il était craint de tous: aucun de ceux qui s'y étaient aventuré, aucun n'était parvenu jusqu'au terme de son voyage.

Jusqu'à aujourd'hui, j'avais eu le sentiment d'avoir voyagé. Mes amis enviaient mes nombreux voyages & ne cessaient de répéter qu'ils auraient voulu des parents comme les miens. Je les avais laissé rêver mais j'avais été embarrassé: je sentais qu'un voyage devait signifier plus & permettre de survoler les murs de la société.

En réalité, je n'avais jamais voyagé à l'étranger, j'y étais seulement allé.

L'avion est devenu aujourd'hui un produit de consommation courante, un moyen sûr de locomotion qui rend le voyage immatériel & fausse la distance parcourue. Ce n'est pas que je me lamentais d'avoir atterri indemne au Caire, mais je regrettais d'y être arrivé inchangé. Prendre l'avion, ce n'est plus voyager; c'est être emprisonné & se faire transporter pour se retrouver, une poignée d'heures plus tard, à son point spirituel de départ.

On m'avait décrit l'ancien aéroport, tel qu'il avait existé jusque dans les années trente: il était littéralement enfoui sous les fleurs & on m'avait raconté ça à la façon d'un conte de fée. J'avais imagé un parterre de fleurs, des milliers de fleurs ainsi qu'on en voit sur les dessins d'enfants, rondes avec des pétales soigneusement coloriées. J'y voyais des fleurs bleus & rouges avec des cercles jaunes au milieu & des longues tiges vertes avec deux ou trois feuilles à droite & à gauche, comme pour équilibrer le dessin; & enfin des touffes d'herbes au pied de chaque fleur.

& je m'étais retrouvé dans un espace moderne, climatisé, uniformément blanc. J'avais été désespéré, insensible à l'atmosphère kafkaïenne des lieux, subissant docilement la lourde procédure administrative d'entrée sur le territoire. Ma mère s'était appliquée à suivre chaque formalité, attendant patiemment qu'on nous ait apporté des formulaires traduits, puis avait épuisé scrupuleusement ses stylos sur les nombreuses feuilles en carton buvard.

L'Egypte ne pouvait pas être trouvée dans ces décors de béton armé qui tentent de prouver dans un style grandiloquent que le pays a su rattraper l'occident. L'Egypte imperturbable vivait sous mes yeux & m'aguichait; elle m'exhortait à flâner sans but, à m'imprégner de ses arômes. Elle me criait de m'abandonner aux délices du hasard. Elle me citait Nerval: "qu'est-ce qu'une belle perspective, un monument, un détail curieux, sans le hasard, l'imprévu?"

Ma mère se retourna, vit que je ralentissais mon pas.

I

Une odeur caractéristique traverse l'air alourdi
& le passé des lieux
capte mes sens.
Sans songer même à la déterminer
je hume un arôme ancestral
fruit de centaines d'épices
& de la sueur des hommes
une émanation chargée par les vents
de propager l'essence de la vie
au monde qui s'ankylose.
Elle transporte & pique tout à la fois
la curiosité des sens & de l'esprit
pour ensuite laisser le goût amer
d'un rêve vivifiant
qui reste indéfinissable.

II

Cette chaleur poussiéreuse étouffe la ville
& je presse ma main moite sur le mur froid
ma joue brûlante
en sueur
vient se poser sur le bâtiment
dont la fraîcheur me soulage.
Nous en sommes aux balbutiements
de l'archéologie & une ambiance studieuse
& compassée reste de mise.
Les chefs-d'œuvre sont catalogués
exposés dans d'antiques meubles de bois vernis
les vitres ternies par la poussières
& les chiures de mouches
sont verrouillées par des cadenas obsolètes.

La flânerie bute
face au méticuleux agencement
ces inscriptions précautionneuses
à l'encre de chine
sur des étiquettes d'écolier
bordées d'une ligne bleue
avec les angles dorés
comme les biscuits biseautés
dont j'aurais croqué les oreilles
& je connais tout sur l'ancienne Egypte,
[Epoque Thébaine Tanite Kushite
préhistorique Bubastite
Saïte conquêtes perses Pyramides romaine Ménès
trentième Badarienne archaïque Alexandre
Hyksos intermédiaires basse
dynastie arabe copte
& byzantine.]

III

Mais l'indéchiffrable légende
sur le long rouleau de papyrus
dormira dans la confusion démentielle
de l'éternité vétuste.
Le temps n'est plus compté
& j'embarque serein.
Les bateaux pour les eaux de l'autre monde
m'attendent
mises jour & nuit à la disposition du roi mort.
Leur secret de fabrication est perdu.
Elles n'ont pas de côtes
sans doute est-ce le seigneur Dieu
qui prit de la chair de leur côté
avant de refermer
en calfatant avec du papyrus.

IV

Un Pyramidion en granit noir flotte
les cercles rétrécissent
& me narguent
l'eau se rapproche de la frêle embarcation.
La couronne pyramidale
est un sommet extra-terrestre
un toit symbolique
sur le monument de briques crues
de couleur ocre rouge.
& assis près de la serre
qui protège le sol du palais saccagé
par des paysans en colère
un étudiant appliqué croque la scène.
Le monde a faim & la création en est une copie.... ?

V

Quelques embarcations
soutiennent contre leur gré
la vie & ses bagarres quotidiennes
& les bateliers qui se battent
se font mal.
Ces hommes rougis par l'effort s'enlacent
les partenaires en guerre se touchent
leurs peaux frénétiques se percutent.

Ils s'accolent en sueur
tandis que le sang s'échappe
au rythme des deux cœurs ennemis.
le corps à corps étincelant unit les pores
qui suintent
de tout leur plaisir animal.
Il s'en dégage

une aura nauséabonde qui emplit
l'air écœuré.
Car l'air nourricier est déchiré entre ces êtres
& la force claque d'un bruit mat
les hommes halètent
& les barques amarrées tanguent de honte.

Les ronds dans l'eau s'enfuient apeurés....
Un spectateur adjure à l'un,
deux points ouvrez les guillemets,
-fends lui la boîte.
-ouvre lui le dos,
dit-on à son frère de sang.

VI

Sur l'admirable ostraca au bout du bras tendu
le chat garde le troupeau d'oies
d'un œil vigilant
la tige dans ses mains humanisées
les tient en respect
il marchent en rang disciplinés
sans discuter
& un canot remplit d'œufs les a rejoint
sous l'autorité irrationnelle du chat moucheté.
Le groupe s'éloigne soumis
& le chat est ravit de ses oies si dociles
il philosophe
Il faut bien du courage pour être seul
pour se tromper
& pour pêcher
les yeux ouverts.
La liberté commence
par le besoin de désobéissance....

VII

Casque en tête
Ramsès II rentre vainqueur à Memphis
il exhibe fièrement son butin humain
enchaîné vivant.
A la suite
l'arabe à la peau basanée
le sémite jaune
& en dernier
le grand nègre luisant.
La corde rêche brûle les captifs bariolés
& leur sang pleure
d'une même couleur.
Les éclatantes gouttes perlent & s'assèchent
les hommes s'agenouillent
implorent le Pharaon
qui les tient d'une main.
Ce sont les trois grandes races
en contact avec les égyptiens.

Plus tard
la commémoration des victoires.
Le roi brandit sa massue
qui ombrage sa couronne blanche
& menace le prisonnier
tenu par le faucon.
La corde est passée au travers du nez
il est soumis.

Dans son atelier
un artisan grave une stèle à la mémoire
d'un chien favori.
(Il recherche le détail émouvant
en se grattant le nez.)

Plus loin
  le roi & ses compagnons se promènent
    sur l'endroit du massacre
      déambulent comblés & pontifient
        délicieusement.
Les diverses divinités sont avec nous.

Tout en bas
  le taureau racle furieusement le sol
    & piétine la forteresse
      dont il s'est rendu maître.
D'un œil soulagé
  il admire les vestiges écrasés
    preuve de sa puissance
croit-il.

FABLE

Les quatre-vingt soldats ont promis
de veiller jusqu'à leur mort sur la tombe de leur prince.
On l'embaume donc & on l'enferme dans sa tombe
en compagnie d'un hippopotame en faïence bleue.

Ainsi, le prince peut jouir des plaisirs de la chasse,
il tue l'hippopotame qui se relève joyeusement
à tous les coups,
en recollant ses morceaux éparpillés.
Le prince momifié a tout son temps,
il aime à contempler le spectacle de l'hippopotame
qui se reconstruit chaque nuit.
Mais il n'est pas assez vigilant & un soir d'inattention,
l'hippopotame au lieu de se recoller comme à son habitude,
se rassemble en forme de chat, un très gros chat,
de la taille d'un hippopotame presque.

& le prince est bien eu, car le chat est sacré
& il ne peut le chasser.
Dehors, les soldats montent la garde
en attendant que les quatre-vingt statues
soient achevées. (C'est pas pour dire,
mais on a d'autre chats à fouetter).
Cet expédient convient à la momie qui voit là
une concession acceptable;
& ainsi, personne ne pourra voir
que l'hippopotame bleu s'est transformé en chat.

Le prince va bien s'emmerder
sans hippopotame à chasser
durant l'éternité. & c'est long, une éternité.

UN PEU DE FOI JE VOUS PRIE

En Inde, il existe un restaurant gratuit devant lequel une centaine de pauvres attend chaque jour (tous les jours) d'être nourris. Trois fois par jour, ils n'ont plus le souci de la nourriture. Le riche qui passe donne de l'argent à cette cantine & paye ainsi le repas d'une dizaine d'indigents qui les aiment, ces riches & les considèrent comme des saints.

Ces pauvres ne se révoltent pas car il n'y a pas à changer leur vie. Elle est ce qu'elle est & les riches sont riches, c'est le karma.

Tu ne tueras point est une loi non finalisée. Ainsi que Tu es né avec rien, pourquoi donc le monde te devrait-il quelque chose ?

Les enfants construisent leur caractère, se laissant entraîner par leur curiosité, chaque remise en question est une étape dans la quête de soi. Parfois à ses dépends, trouver en soi force & courage. L'adolescent est le révélateur de ce qui a été impressionné dans l'esprit de l'enfant. Je suis qui je serais.

La foi aide à lutter, certains cherchent le salut dans les écritures. Mais la parole n’est que silence après avoir été prononcée & l'écriture des livres sacrés ne fixent qu’une seule parole. L’église impose telle pensée, dogme, édit. Même les exégètes arrivent à en faire le tour, chacun se battant pour donner son opinion. Il n'y a plus à découvrir mais à défendre. Au commencement était le silence. Maintenant à nous d'être à la recherche de l'imprévisible, offert par le silence de dieu.

Le paradis n'est pas l'ailleurs; il est ici.

Partout où je touche la terre, je rencontre un copain vêtu de noir avec qui je discute. Dieu fait rencontrer tous ceux qui se voient & je vais là où celui ci pourra me voir. Je veux être nu de toute histoire, non pas pour me fuir, mais pour retrouver mes frères.

Les tutoyer pour les approcher & les côtoyer longtemps car il se faudra se quitter & poursuivre nos routes. Se construire de hasard en hasard, en oubliant les cartes de vœux. Car si l'on se revoit, nous ne nous serons pas oublié. Ceux qu'on aime seront là pour prendre de mes nouvelles, à tour de rôle, au fur & à mesure.

Tout être humain recherche son pareil pour mieux devenir soi-même (Martin Buber).

Il faut suivre ses amis & se laisser suivre par eux. C'est dans l'épreuve de deux chemins qui s'accompagnent que se trouvent les amis. Cependant la durée n'est pas le signe de l'affinité: l'amitié n'est pas la finalité à acquérir par l'effort mais le moyen qui crée le lien des vies à parcourir.

Ève était partie au bar & j'avais attendu avec calme qu'elle revienne.... torturé par ce flegme que je tentais de prouver aux autres & bien moins qu'à moi-même. Bouleversé, je savais que j'étais déjà attaché & me forçais à ne laisser transparaître aucune de mes émotions. Cela faisait malheureusement une demi-heure qu'elle n'avait pas reparue & mon imagination déjà jalouse construisit les pires explications à son absence.

Je fermais les yeux & la voyais douloureusement, à quelques dizaine de mètres, très nettement invisible dans l'obscurité commerciale du club Palace. Elle devait être là-bas, une Heineken à la main, à parler avec un homme, puis elle danserait en lui faisant face, elle s'assiérait près de lui, elle l'embrasserait ensuite, puis poserait la tête sur son épaule, avant de s'en aller avec lui.

Cependant que ces visions se nourrissaient de mon attente, je la cherchais. Les lumières frénétiques de la salle éblouissaient mon désespoir. Lorsque tout était sombre, je me laissais aller à une mélancolie désespérée & je rêvais ces rêves qui font mal. Mais les éclairs syncopés réveillaient en sursaut mes illusions diffuses & je scrutais chaque danseur dans l'espoir de la retrouver.

Elle avait les cheveux courts, noirs & souples, portait ce soir un maillot raillé de fins traits jaunes rouges & blancs. Sans cesse, les pléonasmes scintillants du bruit me proposaient une même & brève illumination. J'évitais de poser mon regard & je me lançais d'une tête à l'autre, je la cherchais longtemps.

Ma détresse était réelle & inquiétante; je ne connaissais presque pas cette fille, tout au plus l'avais-je par moment observé, brièvement, juste pour garder en souvenir les ombres de son visage; & me voilà accoudé au bord de la piste, à rechercher son pull manche courte, tout joliment bariolé aux traits horizontaux, jaunes & rouges & blancs crème.

Je me redressais & m'engouffrais dans la musique trop forte, repoussant avec douceur mais détermination la masse fiévreuse qui me noyait. Je remontais jusqu'au fond de la salle, dans la grotte bleu de nuit qui était ma cabane. J'aimais son isolation fraîche & les murs voûtés contre lesquelles j'arquais ma fatigue, leur revêtement rêche faisait mon délice. J'adorais racler ma main brûlante contre la peinture écaillée, pour me laisser glisser au sol, les jambes repliés & les regards bienveillants contre plongeant sur les filles.

C'est là que je l'avais tout d'abord amené & c'est là que je revins, alors que je ne pensais plus à notre rencontre. A cet instant, je compris que je la voulais. Plus tard, j'ai su qu'elle avait aimé que je garde un livre dans la poche de la veste, je semblais différent des autres.

CE SOUVENIR D'AUTOMNE

J'ai parcouru Amsterdam dans un rêve. Cet automne, le temps est indifférent. Les images d'avant se rallument dans les rues grises. Je repasse par les mêmes ballades, ces rues que j'ai remonté en te tenant la main. Je ne faisais pas très attention à toi, sûr que tout cela avait peu d'importance.

Je ne ris plus dans les coffe-shop; il ne fait pas assez froid pour me pousser à m'y réfugier. & ces cafés sont des lieux tristes lorsqu'on y entre seul.

J'ai marché sur nos traces, poursuivant les éclats de ta voix & les échos de nos cœurs. Comme j'étais inconscient du bonheur de t'avoir! Tu manques à ma vie, aujourd'hui. Je pensais à toi, à hier, encore maintenant & tous les jours suivants. Sans toi. Jusqu'à quand?

Si tu apprenais que je t'ai cherché toute la journée & le lendemain encore.... m'aimeras-tu à nouveau, changerait-ce quelque chose? Je te revoyais au bout de l'impasse, avec la rue bourdonnante & éclairée derrière nous. J'avais couru à ta recherche, jamais je ne t'aurais lâché, je pleurais dans tes bras.

N'ai pas peur! Tu étais à l'entrée du graut minuscule dans le quartier rouge, si sombre autour de toi. Tu tenais la rampe en fonte, la main sur la plaque aux lettres blanches. Les hommes qui se promènent placides, vont & reviennent pour lorgner toutes les femmes nues exposées en vitrine. Tu ne me vois plus, parti sans toi. Tu attendais désemparée que je revienne. Tu ne m'aimais plus, certaine de ne m'avoir jamais aimé. Partagé entre le pourtant tu me suivais, horrifiée de t'imaginer seule à la merci des turpitudes de cette ville inconnue.

Les mêmes lumières, s'il-vous-plait! Laissez-moi revoir ma vie lorsque j'étais encore avec elle! Reportez-moi en hiver, alors qu'elle m'aimait plus que jamais! Il faisait si froid & en route vers le Catamaran, je te revois tes cheveux rouges ébouriffés par le vent. Toute emmitouflée dans l'aviateur que je lui ai offert, elle tourne la tête vers moi & je revois deux feux qui me sourient.

Je ferme les paupières & ses yeux éclatants percent ma rétine, se gravent pendant des secondes au fond de mes rêves. Je me laisse bercer au fond du radeau, aveugle au présent, tâchant de rattraper son absence. Elle marche à mes côtés :

— Laisse-moi t'embrasser! reste avec moi. Retournons ensemble sur ton balcon des toits de Paris. Je t'en prie, ne me laisse pas trop longtemps tout seul dehors…

L'été dernier, les canaux & les hautes maisons étroites laissaient éclater nos disputes si terribles. L'escapade suivante, blottis sous la tente en hiver, je restais la nuit à me souvenir de tes cheveux rouges & des nuits que nous avons passé. La salle est chauffée & me protège, le confort m'est chaud:

Des feuilles blanches pliées en quatre. Une écriture serrée, des lignes régulières, sans marges ni retraits. Chaque page, recto & verso, est striée de barres rouges.

Quelle est la valeur de ce que j'ai écrit dans les coffees? Le papier est corné, pressé dans la pochette du le sac à dos. Les plis usés & les bords effrangés précocement par l'humidité. Le papier neuf a vieillît en quelques heures. Le temps de sécher, de s'émietter un peu, de diluer l'encre rouge en traces jaunes & bavures, roses. Halos de buée de l'abrutissement par les drogues, le texte s'efface, imprégné plus profond dans la texture fibreuse.

Il ne reste en surface qu'un souvenir d'écriture. De toute façon, ça ne valait rien. Un regard au gribouillis pseudo halluciné. Je reconnais le feuillage d'une vigne en fleur, un bateau sur une mer houleuse & des visages imperceptibles. Un fantôme horrifié me supplie de le laisser en vie. Une main aux doigts filants, la paume carrée pose sa marque. Le tout agrémenté de belles taches qui s'imbriquent de conserve & laissent un passage de toile entre leurs frontières. Dessous, une grosse mamelon teutonne, avec deux tresses & de discrètes boucles d'oreille sourit la bouche tartinée de rouge à lèvre.

Je jette le tout à la poubelle.

Non sans avoir lu au préalable.

A Amsterdam, c'est la liberté, on ne te demande pas tes papiers. Tu donnes un faux nom. On te garde un peu. Back to Your story, and to Your names. Naïma & Sébastien. Voyage, seul moyen de ne pas être seul. J'oublie le temps en leur compagnie, ma solitude s'enfuit de mon esprit comme si elle n'y avait jamais existé. Je ne pense plus au froid, à la faim, j'admire le lien qui nous tient tous ensemble, pour quelque temps encore.

— Tenir la fille qu'il faut dans mes bras lorsque sa peau provoque une interférence électrique avec la mienne? —

Cela s'était laissé comprendre en un éclair
pour aussitôt disparaître.
N'avais-je pas sentis l'air devenir dans l'instant
couleur d'ambre
& le ciel zébré gronder d'un plaisir absurde?
Puis l'euphorie jaune dorée s'était brusquement adoucie,
la grisaille de la terre isolante
avait encore rempli son devoir de corps poussiéreux.
Tout redevient normal & neutre....

Elle a englouti ces jouissances si momentanées qui survolaient un peu. Il est resté avec elle. Si elle a envie de s'amuser, de sortir avec des amis, elle le fera à la fête de la musique. Elle a raté trois samedis, elle est anxieuse de sortir, elle a besoin de se bourrer & de danser toute la nuit.

Elle ira à l'hôpital éphémère pour voir un groupe, le même que la fête de 94. La soirée durera toute la nuit. Je préfère aller à un concert de Pee Wee Elis. Si elle ne veut pas faire l'effort d'aller à mon concert, je ne le raterai pas pour l'accompagner. Bon, elle y trouvera ses amis, elle sera contente & s'amusera.

Il lui manqua, mais elle avait envie d'y aller & tant pis si il ne l'accompagnait pas. Elle but beaucoup & passa la nuit avec ses amis, elle rigola avec eux, les bouscula. Pace l'aurait empêché de s'amuser, il aurait été ennuyeux & chiant. Lui disant de venir tout de suite lui parler, complètement stressé, jaloux alors qu'elle prend son pied. Il est incapable de la voir s'amuser avec d'autres que lui. Il préférait s'emmerder que de la laisser s'amuser. Il n'était là que pour la surveiller, comme aux nombreux cours de Tam-Tam.

- tu as couru pour arriver au cours, alors que tu as dit que tu ne viendrais pas. Tu croyais que j'avais menti & tu es venue me surveiller.

Le lundi suivant, il dit qu'il ne viendrait pas; & il tint parole. Elle ne l'attend même pas. Le lendemain, ils se virent un peu & il était distant, il lui annonça qu'il ne l'accompagnerai pas voir Human Spririt. Elle fut choqué & ne put concevoir de s'amuser sans lui. Il partit comme à son habitude, en faisant la gueule. Ève se coucha exténuée, mais heureuse de sortir le lendemain. Il ne vint pas & elle ne s'amusa pas autant qu'elle aurait pu s'il avait été là.

Jeudi soir, elle appela & Pace n'était pas dans sa chambre. Ce n'était pas la première fois qu'elle ne réussissait pas à le joindre & elle attendit impatiemment qu'il appelle. Elle guettait de sa fenêtre la bouche de métro. Mais il ne vint pas & n'appela pas.

Le lendemain, pas de nouvelles, ni le week-end. Il n'était pas chez lui. C'était clair qu'il était partit sans prévenir.

Les cheveux jaunes au début de l'année, quand il n'était pas là. L'année dernière, avant la rentrée. Les vacances se terminaient par Amsterdam. Sa rentrée fut mouvementée, une nouvelle pharmacie, plus de cours, elle devait réussir l'examen. Elle étudiait tous les soirs, se couchait tôt. Pace est partit aux États-Unis. Elle est seule, avec son premier job, à plein temps & l'école pour la première fois depuis le début l'abandon de la fac de pharma. Elle avait encore ses anciennes copines & avait rencontré un nouveau garçon. A Amsterdam, ils avaient été toujours ensembles, raides l'un de l'autre.

PRECISIONS

Malheureux, alcoolique, pauvre & solitaire. Mais libre. Devenir l'ultime spectateur de la société du spectacle, s'avouer vaincu, fuir, prendre le recul avant de le subir. La musique est enterrée. L'amour est pour moi une continuelle déchirure, car je ne suis pas assez beau pour les tomber d'un regard. Je suis comme toujours indéfinissablement médiocre, invisible derrière la muraille du normal. Je n'ai même pas à être à la hauteur de quoi que ce soit. Je vivrai longtemps retiré des éclats de joie. Je n'ai jamais su être heureux.

Le compromis a tué l'intransigeance, alors que la vie ne lui avait même pas laissé le temps de naître. Personne n'a songé à accorder une chance à la liberté. A présent, nos désirs avortés se putréfient sous le regard bienveillant de l'ange aux cheveux longs.

Pour enfin me réveiller au milieu de la nuit. Prendre conscience, un peu tard, que je suis seul, chercher ma rédemption dans une écriture qui se veut pureté spontanée, par des images poétiques & engagées, par sa transcription fidèle d'un grand esprit. Me rendre ensuite compte.... Que je n'ai pas de talent, je le sais, mais secrètement, j'espère encore.

Comment résister à l'illusion réconfortante offerte par l'espoir? Tant que l'on ne se réveille pas, le rêve tient lieu de vie, il meurt dès que la réalité parvient à s'y réinsérer. Le monde réel phagocyte mon esprit. L'éclatante évidence de l'inutilité de mon écriture me transperce, je me désole, je vais me coucher, laisser la vie voler au dessus de mon esprit, affalé à l'instar de mon corps.

Ma chair s'est inclinée, entraînant mes sens, puis l'intégrité moral de mon être. Je suis un autre, j'observe profondément désolé & délibérément impuissant, ma vie se gâcher. Je suis fier de ma déchéance, je perds mon temps, c'est-à-dire que je glisse sur l'uniformité d'un temps que je me compose à très long terme, insensible à l'unicité de l'instant présent.

Je suis seul, épuisé, glandeur, drôle, mélancolique, timide, paranoïaque, sentimental, incapable de m'amuser, maniaque, bordélique, désespéré par les hommes, les femmes, plein d'espoir, rêvant au mythe de l'artiste bohémien, pessimiste, idéaliste, mauvais poète, détaché du monde, terrifié par les autres, déconneur impénitent, *in*sociable, tout pour plaire, impressionnant, parfait, ne plaisant à personne, innocent, spirituel, beau, inoffensif, promeneur, passionné, léthargique, sincère, amoureux, amoral, généralement bizarre, jaloux de la joie des autres, imaginatif, humain, contemplatif raté, romantique, sensible, fragile, anarchique, transparent, dégagé de tout mouvement, inspiré, risible, malheureux, mais ça va….

A jeûn, je suis énervé & prêt à travailler de rage.

Quitte ou double pour mystifier les spéculateurs. La bourse ne pense pas, crapules. Voleur d'organes, logique capitaliste: le corps est le seul capital des pauvres, ceux qui meurent à petit feu. Des travailleurs complètement dépourvus des choses nécessaires, domestiqués par le système qui apporte aux autres & en abondance ce qu'il leur manque.

Le fruit du travail a été volé.

Le pauvre est contraint de vendre son corps pour arracher son droit à vivre. Dans le marché du travail, le corps est une marchandise, que l'on aliène temporairement, le mettre à la disposition du patron pour avoir un minimum de flouze en contrepartie; mais c'est de l'esclavage à l'état pur.

On lui donne l'argent pour survivre en dehors des heures de travail ; télé, manger, dormir & revenir le lendemain. Une nouvelle journée de huit heures qui exténue. Le capitalisme est la forme la plus aboutie d'un monde de riches, pour les riches. Les pauvres sont entretenus a minima & s'en félicitent. Déjà contents d'avoir un salaire, ils ne comprennent pas qu'ils sont morts depuis longtemps, depuis leur enfance sans doute. Demain, s'il ne vient pas travailler, il n'aura pas de salaire.

Celui qui ne cherche pas à s'échapper, n'a pas besoin d'être retenu. Il n'y a pas de meilleur esclave que celui qui ne veut pas s'échapper.

A-t-on enchaîné tous les hommes ?

Il croit qu'il est libre car il ne voit pas d'hommes libres.

Ceux d'en haut sont tombés. Tous tombés au fond de l'inhumanité, c'est la seule morale du Capitalisme. Les pourparlers réunissent les villageois à la table du brigand qui terrorise la vallée.

Les jeunes n'ont plus envie! ce ne sont plus des jeunes. Ceux qui mettent la force de leur jeunesse au profit de l'université, du travail, ce sont là des enfants obéissants. Quand on a envie de tout, il faut tout rechercher. Le hasard de la jeunesse, c'est qu'elle peut tout choisir, elle a le temps de ne pas s'enfermer & de commencer à partir de zéro.

C'est déjà le marasme & on les prépare à pire….

Il faut être d'une belle crapulerie pour arriver à un poste de l'exécutif. Avoir été dans un cabinet, nouer ses relations, surveiller dans l'ombre les rapports que le ministre consulte. Le politicien reste à la botte, parle pour se faire connaître, gagner sa popularité dans les esprits, se présenter à la mairie, député.

Le public ne voit pas qu'ils ne sont pas crédibles & propulsera n'importe qui au-devant de la scène. Il peut faire une déclaration, relayée par tous les médias. Les hommes ne sont pas égaux, eux ont droit à la parole : le peuple est obligé d'écouter. Le pouvoir du peuple est utopique, car en vérité le cheptel humain appellera toujours un chef à la tête de la nation. Lui, tiraillé entre les pressions, ne fera pas attention à eux.

Une aventure humaine; six jours seul en territoire ennemi. Le ministre qui n'a jamais fait son service sous les drapeau: applaudit! Tant d'argent dépensée pour retrouver ce soldat: évidemment que ça a réussit, ils ont mis six jours & des dizaines d'avions! Ce serait le comble! & ces petits cons, vieux, jeunes, heureux de retrouver leur héro & de célébrer la force du pays. Mais le seul qui est *juste*, c'est celui qui a survécut six jours en attendant ses camarades.

Je marche un peu au hasard, cette sensation aiguë de se savoir seul. Il faut redescendre les marches, la plazza surélevé ment au passant qui croit profiter d'une bouffée d'air au sein de la grosse grappe d'épais buildings. Il imagine qu'au pied des gradins commence l'espace protégé des espaces verts. C'est un mensonge: dessous, la métropole étale toujours sa couche d'asphalte. Les arbres sont les alibis d'une nature artificielle au milieu des dallages, qui tentent de pousser sous terre---

Tout à commencé dans ce drôle de bâtiment rond situé au centre de Philadelphia. Cette sensation aigue de se savoir seul. J'ai besoin de me trouver un abri sûr ou me recueillir. Puis, une fois mes idées arrêtées, dès que j'en aurai trouvé le courage: partir.

"*Faut-il partir ou rester?*

Je sais que je dois me poser cette question."

Je me pose la question; & c'était impossible tant avec mes parents: en restant en sécurité, je n'aurai pas trouvé la force de me détacher. Or, je le dois.

"*Si tu peux rester, restes.... pars, s'il le fau*t".

Il le faut! Mais j'ai peur.

Alors je marche au hasard, mais j'ai en mémoire l'adresse du bureau des touristes & je me dirige vers la large plazza surélevé. Je suis rentré dans ce drôle de bâtiment rond parce que je ne sais pas par où commencer (je lève les yeux & je vois une plaque bleu "Information centre"). Une jolie femme derrière le comptoir me sourit maternellement en secouant la tête. Je prends les cartes qu'elle me tend & je descends les marches en rêvant à son regard.... elle n'a pas décroché ses yeux des miens; à un tel point que je me sentais incapable de m'en aller. Heureusement qu'elle m'a laissé partir! je crois qu'elle m'aime bien. Elle m'a donné l'adresse d'une auberge de jeunesse pas chère, mais je dois me dépêcher d'y aller car les lits s'y remplissent vite.

Elle m'a conseillé de prendre le bus. (Je n'arrive pas à m'expliquer cette gêne que je ressens à m'acquitter du prix du trajet: c'est pourtant peu, soixante-quinze cents....)

Bank Street? Je ne comprend pas sa réponse, enfin, c'est le bon bus, alors je ne veux pas faire répéter le chauffeur: ensuite, je me ferais remarquer comme un pauvre étranger qui décidément ne connaît rien à rien. & puis je dois avoir un accent insupportable, que pensera le grand roi nègre qui siège sur son trône comme en Afrique, derrière son comptoir nickel? resplendissant de certitude, je le vois comme à la tête de tous ceux qui se sont assis dans son bus, dirigeant sa suite docile d'un tour de volant! ai-je vraiment besoin de savoir ce qu'il m'a dit? Peut-être, mais tant pis: le bus doit bien passer pas trop loin de Bank Street: je marcherai un peu, voilà tout. Pas besoin de retarder toute une foule méprisante & impatiente. Qui suis-je pour me faire répéter ce que tous devraient savoir & tous le savent: il n'y a que moi pour ne pas savoir, ne pas comprendre.

Alors je monte, je m'installe en cognant une femme excédée avec mon sac à dos. Je souris c'est pas de ma faute, excusez moi, vous qui êtes si habituée: je ne sais rien car je suis un étranger qui n'a pas eu le temps de prendre les mêmes habitudes que vous. Excusez-moi car je ne suis pas un habitué.

Au terminus: tout le monde descend; normal. Sauf moi, je ne comprends pas, il ne va pas donc jusqu'au fond de la ville, jusqu'à Bank Street? j'ai consulté ma carte durant toute la durée du trajet; & je sais que la rue est bien plus au fond, presque à la limite du fleuve colorié en bleu clair.

Des ponts métalliques enjambent le bras de rivière ; je les ai déjà emprunté, ils sont bruyants & puants; ils tremblent sous les millions de roues qui déferlent à droite & à gauche, criant à chaque bosse, chaque trous. Les jointures entrouvrent leur gueule, à peine plus gros qu'une fente noire: mais un abîme froid. Les crocs de fer lisses montrent leurs dents & effraient les chapes en caoutchouc qui passent hâtivement dessus.

Je sors du bus.

Car je ne dois pas montrer au chauffeur qui me guette que je me suis trompé, que je n'ai pas compris son avertissement (ou son conseil: qu'était-ce?). Non, évidemment, je l'ai écouté & bien sûr que j'ai compris, j'ai juste décidé de faire comme bon me semble. Même si je dois marcher vingt minutes. Je lui fais un sourire cool en descendant: je suis tellement sûr de moi, que je dis bonjour à tous ceux qui me regardent; & je n'éviterai pas leurs yeux. So Bank Street's that way? dis-je du plus pur des accents amerloques, lui faisant bien comprendre que je savais la réponse, n'attendant de lui que son accord poli. Yes. C'était le bon arrêt.

Au bout de l'allée, je trouve l'immeuble & entre dans le hall. Très petit, des murs tout blanc & complètement plats. Les murs sont normalement tous aussi plats; mais ceux-ci sont étrangement plats. Je le remarque sans m'en inquiéter. La moquette bleu clair est rudimentaire mais raisonnablement propre. Un couple de nordiques m'avait devancé & achètent deux lits. Ils posent leurs sacs dans le coin & s'en vont.

14$ (if you have sheets.) Sure. Je n'ai pas compris mais je ne vais pas leur montrer. Je ne m'étonnerai de rien, je ferai comme si j'ai foutrement l'habitude de tout ça. Je l'écoute énoncer quelques règles; yeah man, je sais tout ça mais je continue à t'écouter parce que je suis poli. Je suis au courant de tout, y'a pas d' blême. No problem man. Avant de partir aussi cool que je suis entré, je pose deux trois questions bidons mais qui me paraissent bien placées. How much's the dinner again? Uhuh. What time's the curfew?

J'adore prononcer ce mot. Il commence par un ronronnement de chat bienheureux & s'expire en un souffle apaisé. En plus c'est un mot français? si, ça se dit "couvre-feu"; mais vous les américains, vous avez mal compris & avez déformé notre langue en une espèce de chuintement malodorant! Je vous hais, incultes!

Bien, maintenant muni de ces précieux renseignements, je m'enquiers de l'heure à laquelle on peut entrer dans les chambres. 4'O Clock. OK. J'ai cinq heures devant moi, dis-je penaud, d'un air qui lui fait comprendre que je sais m'occuper & j'aurai pas de problèmes à trouver quelque chose à faire.

Une fois de retour dans la petite contre-allée; trop étroite pour laisser passer les voitures, murée de par & d'autre par des façades en briques noircies par la suie des débuts de l'ère industrielle: la rue doit dater de cette époque misérable. Les travailleurs épuisés râlent leur malheurs en rentrant chez eux, rue Bank Street: on s'est bien foutu d'eux: où sont les banques l'opulence que le capitalisme qu'on leur promettaient?

Ils ne cesseront jamais d'espérer, même au pied de leur cercueil: Vive l'Amérique qui nous aime tant, disaient-il à bord de leur bateau couvert de vermine: & ils pleuraient en voyant apparaître la statue verdâtre & la torche autrefois allumée 24h/24.

La statue de la Liberté! ? pourquoi t'es-tu éteinte aujourd'hui? quel est ce policier qui s'affaire à tes pieds? Je le vois qui martèle le socle afin d'effacer le serment gravé pour toujours, croyait-on à l'époque.

Il a peur que de nouveaux arrivants lisent ce texte & le prennent au pied de la lettre, ces cons (faut pas rêver):

" *Donne moi tes pauvres, tes opprimés, donne moi ceux dont tu ne veux plus & nous les adopterons*: ils seront Américains & chacun d'eux deviendra plus riche que vous tous réunis.... c'est une promesse….

" Une fois qu'il aura un peu crevé dans nos belles usines, qu'il aura perdu sa force & ne nous causera plus de soucis. Il y rêve encore? (Non? vous rigolez? vrai de vrai?) Eh bien soit, qu'il rêve, il m'amuse.

" Tâchons plutôt de crever son fils au mêmes cadences: il est encore fort, lui, dans ses bras mais surtout dans sa tête: il pourrai nous faire du mal, s'il le voulait: faisons en sorte qu'il soit trop fatigué pour vouloir quoi que ce soit. Donnons lui un salaire pour le dédommager de sa vie que nous lui volons: nous sommes des assassins, pas des salauds. Il mourra content.

Ceux qui meurent heureux se sont enfuis pendant qu'il en était encore temps. Ils ne sont pas restés immobiles dans Bank Street à étouffer leurs rêves. Pour rêver -lorsqu'on rêve- on lève les yeux au ciel: ici, on ne le voit pas.

Les murs des immeubles sont si interminables qu'ils ne finissent pas; les vis-à-vis se rejoignent tout en haut, à l'horizon au bout de la ligne de fuite. Les briques posées les unes sur les autres se fondent dans l'obscurité qui nous cache l'infini. Sorti de l'allée, à nouveau dans la clarté de midi d'une rue vivante (sait-elle qu'elle se meure?), je m'ennuie & parcours la ville en fixant mon plan afin de bien situer les divers endroits.

Je m'ennuie ; où aller? Il me reste deux heures avant de pouvoir prendre le lit & je suis fatigué. Heureusement, j'avise sur le plan, pas loin de l'hôtel, sur les rives, ce qui semble être un bout de parterre vert: j'irai donc m'allonger là & lire un livre ou me reposer les yeux fermés sans les rouvrir, détaché au milieu de l'agitation.

Mais le plan est rose pour les maison, blanc pour les routes & bleu pour le fleuve: les traits noirs délimitent les largeurs, pas les profondeurs. Ainsi, lorsque je suis arrivé au bout de la rue qui mène à l'eau, je me retrouve au pied d'une autoroute qui rugit en contrebas & pollue la maigre pelouse qui tente de survivre ici. Il y a des grillages, une usine plus loin avec des cheminées qui échappent des bouffées de nuages lourds & puants.

Une bande de jeunes s'est réunie à une trentaine de mètres: ils s'amusent & moi pas, mais j'imite l'homme cultivé qui lit son livre & s'y intéresse complètement. (Là, je lorgne du côté de ces copains qui s'amusent pas si loin de moi; & je n'ose m'avouer que je voudrais être l'un deux.) Puis ils partent & moi je dois attendre jusqu'à quatre heures:

? Pourquoi ne suis-je pas capable de me dire que je m'emmerde & partir aussitôt. Pourquoi me rattacher à ce que j'ai, me forcer à rester parce que dix minutes plus tôt, c'était ce que je voulais faire?

C'était il y a dix minutes, je l'ai fait il y a dix minutes & maintenant, je veux autre chose, tout a changé & c'est bien comme ça. Ne pas avoir peur de mon humeur qui ne fait que suivre les paramètres de ce qui nous entoure.

Si la nature change, il est anormal que je reste figé, car je veux être un avec le tout, j'ai besoin de sa volatilité, de sa volubilité. Je ne me lève qu'à quatre heure moins cinq, bien que depuis la demie, j'ai regardé chaque minute le moment opportun où je pourrai enfin m'enfuir loin de cette herbe qui me gratte

des insectes qui grouillent

de mes membres qui s'ankylosent

il fait froid

il y a trop de nuages & j'ai froid.

Je remets mon tee-shirt après avoir assez attendu: ça fait con de l'enlever & de le remettre trois minutes après: il fait froid? Mais pas pour longtemps, me dis-je, il va bientôt faire mieux, dans quelques secondes

dès que ce nuage aura glissé au bord du soleil:

si jaune, si chaud! si bon!

Donc j'attends que le nuage passe, je calcule la vitesse du vent, sa direction, j'étudie la déformation du nuage, dans quel sens il tourne, j'épie les rais de soleil sporadiques au travers des interstices ouateux. Enfin je n'y tiens plus, tant pis, je suis parti. J'en suis honteux, mais pouvez-vous comprendre à quel point mon attente était devenue insupportable? J'avais *mal*, mon anxiété s'était transformée en une douleur physique!

A l'hôtel, je donne mon nom en échange du numéro d'un lit. Je monte au troisième d'un air habitué à trouver tout de suite mon chemin. L'homme à mes talons doit sentir que je suis comme lui étranger à cet hôtel mais que je suis tellement habitué à ne faire aucune erreur que je suis partout chez moi.

Dans la chambre, les numéros sont très mal indiqués & j'hésite quant au lit qui me revient. Je joue donc à celui qui à l'habitude du foutoir des dortoirs & qui se résigne à tordre son cou dans tous les sens pour chercher le numéro qui correspond à celui qu'il se répète anxieusement dans la tête: 78, 78, 78.... est-ce bien 78? Je ne me suis pas trompé. Où est 78? 55, 63.... Ah: 82. Donc 78 avant, là peut-être? non. Ah! celui du bas ou du haut? attends, je compte celui là est 73 ; alors 73 en bas puis 74, 75 76 77 & 78 en haut. Ouf! j'aime bien être en haut. Je n'aurais pas réussi à m'endormir si j'avais été en bas. Je pose mon sac entre deux lits, je m'en fous s'il gêne. La frêle échelle grince, je me hisse & m'affale parce que je suis très fatigué; je n'ai pas pu me reposer tout à l'heure sur la pelouse. Oh non, il y a maintenant cinq ou six gars qui viennent dans le dortoir.

J'espère qu'il resteront bien loin de moi, mais il prennent des lits tout autour de moi, en dessous, à droite, à gauche, au fond & devant, en bas ou en haut, je vois leurs yeux qui me dévisagent. En attendant de savoir quoi faire, je lis un journal. Je suis heureux de trouver le calendrier des spectacles: je vais savoir où aller ce soir & trouver un truc cool. Enfin certains se sont installé & sommeillent.

Je voyais des gens si sympathiques s'amuser. Je savais qu'ils avaient bus, mais je voulais être comme eux sans avoir à changer ma personnalité. Eux n'avaient pas honte d'être raides & tous savaient qu'ils l'étaient. Mes parents ne buvaient jamais, un jour nous avons croisé des jeune & mon père a dit : ils sont drogués -sur un ton de reproche. J'en ai retenu le fait que ça se voyait & que ce n'était pas bien.

Mon ennui sanctifié s'envole le long des murs sablés & je vois les nervures dorées qui saillent du bois. Le nuage percé déverse une gerbe d'espoir à l'attention des fidèles blasés.

Je pense à ces filles que j'aime & qui ne m'aiment pas. Ce n'est que la force de l'inspiration qui me fait douter de l'inexistence de Dieu.

Le parterre est insensible au soleil qui se déverse pour son salut, au gré des interstices d'une matière vaporeuse si divine. Les deux enfants sont en haut, dans les cieux, ils observent avec délectation ce spectacle figé.

Seul l'esprit d'un mortel pourrait les sortir tous deux de leur aguicheuse léthargie. Mais le désir d'espérance est tari, l'homme se contente de l'imparfait, se vautre dans la fange de la suffisance.

Je récite le cantique. Je suis parmi vous, mais mon esprit est damné; la roche poreuse, sur lequel dansent les négresses garantes de l'exotisme de l'enfer, marque la limite du territoire du vivant & des morts.

L'appel de l'éternité est lancé, préparez votre obole,
les limbes s'offrent à vous.

Petit, je rêvais souvent que ma vie basculerait d'un coup. J'imaginais qu'un hasard merveilleux changerait le triste cortège des journées. & que je serai enfin différent. Je pensais surtout qu'une rencontre avec un mystérieux étranger apporterait cet élan qui casserait le lent cours de la vie. Un jour en particulier, le dimanche, je m'ennuyais. Je m'ennuyais aussi le samedi, mais je pouvais m'occuper. J'allais à la bibliothèque tout l'après-midi après les cours. Je rentrais le soir tombé, ou bien lorsque j'avais faim. Les repas rythmaient la journée & passaient le temps....

Parfois le samedi, j'allais à la bibli, emmenant un paquet de gâteaux & m'asseyais sur une chaise dans un coin si reculé que personne n'y venait jamais. Quelques personnes passaient le long des rayonnages voisins & je les guettais entre les interstices des livres, en me faisant tout petit sur ma chaise. Ils s'éloignaient sans m'avoir vu & je continuais ma lecture.

Hier, vendredi, les copains discutaient de leur week-end. La plupart allaient comme chaque quinzaine dans leur maison de campagne. Ils disaient s'y amuser beaucoup & je les imaginais au grand frais, jouant des heures avec leurs amis dehors, leur chien courant à leur côté. Le soir, la cheminée était allumée au centre de la salle à manger & allongés devant la danse crépitante des flammes, ils avaient la figure toute rouge de chaleur.

Dimanche était pour eux une journée presque entière, ils avaient le droit de jouer dans les bois jusqu'à quatre heure. Ils rentraient à la maison de campagne en courant, la grande voiture break était prête au départ. Ils montaient à l'arrière, inconfortablement assis sur le bout de moquette, mais ils sont fatigués de leur longue escapade du rythme quotidien de l'école. Pendant un jour & demi, ils ont tout oublié de leur vie à la ville. Ils devaient faire leurs devoirs le dimanche matin, avant le déjeuner, mais ils ont oublié; ou bien ils n'ont pas eu le temps. Dans la voiture, leurs parents font réciter la poésie & les leçons pour la semaine.

Je suis un bon élève, tuant le temps à étudier vaguement. Je n'ai pas besoin d'apprendre par cœur, car j'ai remarqué qu'il me suffit de connaître à peu près pour récolter des notes suffisantes & qui me suffisent. Mais dimanche je m'ennuie: c'est une journée entière sans repères. Je dois trouver des occupations jusqu'à mon bain à huit heures ce soir. Je n'aime pas me laver, mais c'est un soulagement pour moi d'avoir terminé la journée. Le bain chaud, je me sèche les cheveux qui sentent propre & que je n'arrive pas à coiffer. Toujours la raie à gauche, que je trace avec le bout du gros peigne en écailles de plastique. Je me passe les mains dans les cheveux pour ébourriffer le tout & laisse la frange sécher naturellement à l'air.

Je mange avec mes parents & mon petit frère. Une semaine il y a du poulet avec du riz. Le riz est trop blanc & avec une pipette avec une poire qu'on presse dans la main, je mets plein de graisse dessus. L'autre semaine, il y a du meatloaf, vous ne connaissez pas, c'est un plat typiquement américain. J'explique toujours que c'est de la viande hachée avec de la mie de pain. Une fois, une invitée n'a pas du tout été étonnée & m'a dit c'est du pain de viande. J'étais fâché qu'elle connaisse.

Ensuite, je regarde une demi-heure de TV & je vais me coucher. J'ai une très grande chambre, mes parents répètent souvent qu'en emménageant, ils m'ont réservé la plus grande pièce de la maison. J'ai l'impression que je devrais en être reconnaissant, mais la nuit il fait froid. Chaque nuit, ma mère ouvre grand la fenêtre après avoir fermé les volets qui sont très sales, recouverts d'une poussière qui colle sous les doigts. Elle ferme la porte & je n'entends plus aucun bruit. Je vois encore quelque temps de la lumière sous la porte, puis tout s'éteint. Mais mes yeux se sont habitués au noir & je regarde les murs.

Il y a un large miroir qui monte jusqu'au plafond & j'ai le souvenir d'étoiles qui scintillent.

Je n'ai plus que de rares images pour illustrer mon enfance. Aucun fait précis ne m'a marqué; je pourrais avoir l'impression qu'il ne s'est rien passé, mais cette idée me fait peur & je préfère penser que j'ai tout oublié. Je me souviens des jours d'écoles, des samedis & des dimanches. C'est comme si pendant des années, le même jour d'école s'est semble-t-il répété indéfinitivement cinq fois par semaine, à part le mercredi où je ne travaillais pas. On avait bien école, mais c'était comme si je ne faisais rien ce jour-là. Souvent, le mercredi à midi, il y avait un vagissement de sirène. Je crois que j'ai toujours su ce que c'était.

Comme pour un rituel, nous nous regardions les uns les autres en nous disant d'un air entendu : tiens, c'est le premier mercredi du mois. Les plus au courant discutaient âprement d'où venait la sirène. Moi je savais qu'elle venait du poste de police au bout de la rue & d'autres me contredisaient. Le professeur nous demandait le calme. Le silence revenait, car nous savions que la sirène reprendrait de plus belle dans un quart d'heure. Les mêmes discussions se renouvelleraient & toute la classe éclate de rire quand je crie soudain surpris: mais on est mercredi!

Donc, deux jours d'école, le mercredi, deux jours d'école, les vendredis soir où je pouvais regarder une demi-heure de TV de mon choix (j'en étais très heureux) ; puis samedi & dimanche. Dimanche, la semaine était finie & je m'endormais difficilement. Il n'était pas rare que je reste allongé deux heures avant de dormir. J'ai essayé toutes les méthodes & j'en recherchais toujours d'autres, tandis que mon père disait que ce n'était pas possible que ces superstitions marchent.

Une nuit, j'ai mis un morceau de tissu violet sous l'oreiller, mais ça n'a pas fonctionné comme promis. Ma méthode consista donc de m'allonger sur le dos sans bouger. Je rêvais les yeux ouverts de bagarres épiques où je battais les plus forts que moi d'un coup de poing puissant. Un coup dans le foie, il se plie en deux, un coup dans la tête, un crochet du gauche & j'étais vainqueur. Je me retournais sur l'oreiller & cherchais un coin frais. A plat sur le ventre, j'écartais les bras en croix embrassant le matelas, mes mains dépassant de chaque côté & je logeais le bout de mes doigts sous le matelas, il faisait frais & le sommier en fer était glacé. Je ne bougeais plus & je dormais comme ça.

J'étais triste sans le savoir.

Je n'ai pas d'amis mais cela n'a pas d'importance car je ne vois pas ce qu'ils pourraient m'apporter. J'ai eu un ami il y a quelques années. Je mélange les souvenirs du primaire & du collège, rien ne ressortait d'une journée sur l'autre. Même les vacances étaient mornes. Je ne me suis réveillé que vers seize ans. Grâce à une amie d'enfance. C'est elle qui a sut me sortir de l'insupportable suite de journées inutiles. Une fois de plus, j'avais rêvé d'une coupure franche, d'un beau soleil tout de suite après la pluie, mais ce fut progressif.

J'écris - c'est déjà pas mal; j'espère que ça aboutira.
Je suis juste un enfant qui découvre la vaste vie.

Porter sa croix & y croire! Le poète ne peut chercher de public, juste rencontrer des semblables. Le poète pense en pièces détachées, juxtapose & rive les différentes parties de l'œuvre dont le principal mérite est de ne pas offrir de raisons trop évidentes d'êtres ainsi rapprochées. Il a dû sortir de lui-même pour développer les éléments consignés, à l'intérieur ou à l'extérieur de laquelle il peut se tenir à son gré.

Le poète est dans une prison qui est un bouclier, il ne vit guère que de sensations, aspire aux idées & en fin de compte, n'exprime que des sentiments.

tu vas trop vite -tu parles vite!
tant mieux qu'on ne comprenne rien,
c'est là aussi perdre son temps.

Ne pas sortir les grands mots, mais l'avoir suffisamment compris que l'on peut la traduire en émotion, sous un conte. Alors, on retient l'intérêt & le spectateur, ou l'interlocuteur, se dit:

- il a compris telle chose que je ne connais pas. Je sais que c'est car ça me touche, mais je voudrais en savoir autant que lui pour pouvoir en parler avec autant de vérité.

Celui qui s'arrête au fait qu'il a aimé l'histoire, le livre, le film, la pièce, n'est pas assez curieux. Il passe à côté d'une nouvelle occasion d'éveil. Je suis sur le chemin, je suis le chemin. Le sage m'attend à cet endroit & me dit: il y a le vide. & je crois encore que c'est un mot. Je n'ai pas compris le sens de la vie.

On retrouve aujourd'hui les rites anciens car ils avaient l'intuition des forces supérieures auxquelles il nous faut obéir. Mais c'est dorénavant impossible ; nous sommes des animaux, juste un peu de matière vivante & du caca.

Un mot ôté à la chute (Cocteau)

Le bohème bourgeois.... je cultive ce qu'on me reproche: c'est moi. Être un homme vivant & un artiste posthume. Le crime d'inattention est le pire des crimes contre l'intelligence. L'art projection d'une morale. Tout le reste est décoration.

Dîner, c'est Ouest. Un mot d'écrit; un mot de plus. Ce geste si naturel ne prenait son essor que maintenant.... ne donnez pas le paradis à celui qui n'en veut pas! Verboir

peux & puis

à présent,

la condition,

il pourrait

demain antérieur

il aura pu

pas d'impératif

pire le regret

j'aurais pu

plus-que

j'avais pu

(ressassé)

alors de suite,

participe présent:

pouvant.

Je suis à la recherche d'une phrase toute simple qui ressemble à ma pensée. Cette idée qui m'étonne est à court d'images.... le ton est décalé, la couleur invisible car jamais vue. L'impression de jamais vu, de révélation soudaine & unique: combien l'ont eu déjà?

suis-je le dernier dans cette vie à y avoir pensé?

ce pourrait-il que tu ne le saches déjà?

mais pourquoi n'es-tu pas alors en extase?
ai-je raison?
veux-tu écouter cette parole que j'essaie de te porter?
je te le dis, cependant....
entends-tu mon cœur au travers de mes mots?

Je pense avoir tout faux: tu ne m'entends pas & ce n'est pas de ta faute. C'est moi & moi seul, qui ai perdu le chemin de mes sensations. Plus jamais je ne tenterai de décrire mon état. La poésie est pour peindre, mais je ne suis pas poète. Demain, je te raconterai comment reconnaître la piste que j'ai trouvée. Peut-être te conviendra-t-elle.

J'ai lu des poèmes d'amis qui m'ont bouleversé. Les relisant, j'ai ressenti ce talent qui masque le génie des images. Assembler l'étoile la plus proche de notre rêve car elle scintille avec simplicité.... à la beauté du regard de crier l'art de vivre....

LES AUTRES SENTENT PARIS

Le monde est une image
Paris très beau
un pays de rêve.
Très bien.
Très pittoresque.
J'ai envie de
Toucher la neige en Europe.
Monter sur l'avion.
Voir les gens très riche
Les motos avec 4 roues
Les deltaplanes.
Les boulevards avec les R5 Renault.

Voir les girafes à Paris.
(Y'a pas! - si je crois, dans les films? - au zoo!)
Les baleines
(Y'a pas! - ah c'est vrai parce qu'y'a pas la mer,
Paris est au milieu.)
Alors voir
Les éléphants.
(Y'a pas!)
Mais si! à la brousse de Paris.
(?!)
Et
Les anguilles.
Les crocodiles, les caïmans.
(y'a pas! - comment? Vous n'avez pas d'eau douce? - si.)
Eh bien pourtant?
: Les crocodiles vivent en eau douce.
Peut-être en l'an 2000, par là.
Il faut faire l'économique
(pour des économies).
.... Beaucoup de zébus pour aller à Paris.

Sans pleurnicher ni s'énerver en disant: c'est inadmissible! sans des larmes de crocodile qui gémissent, mais pourquoi t'es parti, je t'aime & tu t'éloignes! ah, comme tu es malheureuse....

non simplement déçue :

- j'en avais marre & là ça va mieux. Ne pas me prendre la tête ne veut pas dire que je ne veux pas te voir ce soir, ni que je te quitte!

Je n'ai pas compris, je ne comprends rien parce que je suis un petit coincé prétentieux. Pauvre con! elle est déçue, elle pensait passer toute la soirée & le dimanche avec moi. Maintenant ce n'est plus possible & moi qui ai sabordé le bonheur de crainte qu'il ne craque.

Mais je l'ai sacrifié, parce que je suis con dans mon monde : je n'ai plus rien. Je ne suis pas poète & j'ai la fatuité de vivre comme tel: tu oses dire: je n'ai plus rien? Mais tu n'ES rien. Tu te moques des gens, tu les méprise alors que tu es le plus misérable des égoïstes & tu oses même dire: pas égoïste ma chère, égocentrique.... minable!!! Je te vois salir ton pantalon exprès, tu veux te donner l'apparence.

N & D l'ont appelé. Boire un verre pour lui, une soirée avec elle. Elle a préférée rester seule & ranger sa chambre!

Pour moi, c'était clair, je partais. Mais elle n'a pas voulu sortir sans moi. Elle est normale & naturelle. Elle est jalouse quand je parle à une fille sans faire attention ni la regarder. Moi, je ressasse un regard de trop qui me rend jaloux pendant des heures, quand j'y repense.

Elle est très fatiguée, elle a travaillé toute la journée, fais de la musique pendant deux heures. Il est 22h30 & veux se coucher. Il la colle & lui dit: je reste.

Elle le connaît, il reste jusqu'à la limite & elle doit crier pour qu'il parte & ne se couche pas avant 4h ou 5h. Elle ne dort pas bien quand il est là. Le lendemain, elle a encore 8h de travail, jusqu'à 20h. Mais elle est déçue de devoir le quitter. Elle s'arrange déjà pour le lendemain. Elle voudrait le voir, juste une heure ou deux, juste pour mettre du soleil, ce garçon indispensable dans sa vie.

Il répond ennuyé: ouais demain, enfin, c'est peut-être pas la peine. Elle a l'habitude. Elle adore ce garçon, est elle follement amoureuse de lui. Mais il est si exigeant, il veut la voir toute la soirée, même lorsqu'elle tombe de fatigue. Il la harcelle dans le lit, lui dit qu'elle ne l'aime pas. Elle l'aime, mais dans ses moments, elle est exaspérée: elle crie t'es chiant, Pace.

& lui part fâché, sans dire au revoir; il s'enfuit sans un regard. Elle est triste, mais elle s'écroule de fatigue. Le matin, elle n'a pas assez dormi, elle se prépare énervée à sa nouvelle journée, qui commence à sept heures. En sortant de cours, à 17h30, elle a pensé toute la journée à son amour. Comme elle espère le retrouver. Comme sa journée lui paraîtra morne sans le voir. Elle épie dans la rue, pour le voir à la sortie.

Il n'est pas là, il ne s'est pas encore levé. Il a dormi toute la journée, pendant qu'elle était debout huit heures à la pharmacie, ou prenant des notes les huit heures de cours.

Il n'a rien fait, mange son petit-déjeuner à quatre heures de l'aprèm, il se souvient que Ève finit ses cours à 17h30. Il est trop tard, il va l'appeler chez elle.

Elle est rentrée, a dû faire le ménage, passer une demi-heure au supermarché, rapporter les courses, faire un café. Le téléphone sonne, elle n'a pas encore eu le temps de s'asseoir & décroche le combiné. Elle est toute heureuse, car elle sait que c'est lui. Enfin, elle va le voir! Il est aigre & déplaisant, elle lui demande de venir, tout de suite si possible. Il répond dans un soupir: ouais d'accord, j'arrive dans une heure. Ou alors, il répond, j'arrive dans 20 minutes.

Il arrive tout pressé & elle n'aura pas eu le temps de prendre une douche, ni de s'allonger, ou de lire, ou de regarder la télé, ou de se reposer pour la première fois de la journée.

Le dimanche matin, elle voudrait sortir, se balader. Il est affalé dans le lit, son rythme l'a habitué à ne jamais se lever avant deux heures. Il fait traîner, il est quatre heures; trop tard pour la balade, elle rentre déçue chez elle. Le week-end & déjà fini, elle ne peut s'empêcher de penser que Pace encore une fois a tout gâché.

"Va vers un arbre qui abrite ta curiosité
& assieds-toi.
Ta seule occupation aujourd'hui est de marcher
alors, au-delà du regard, gratte l'horizon
ton troisième œil prépare la route
& te dirige là."

Je dois aller voir ce qui est caché derrière l'immeuble au bout de la route. A Paris, je sors quand j'y suis obligé. Si je suis dans la rue, c'est donc toujours pour arriver à un rendez-vous & l'heure interdit de s'attarder.

Je suis un pauvre hère.... souvent, je songe à suivre une fille, sans l'aborder ; je m'imagine les pas guidés: au petit bonheur la chance allons au gré des hasards, utilisons ce temps pour s'abreuver d'images.

Il faudrait parler de soi à son corps défendant. Je parcours seul cette route ouverte à qui le désire.

Les saints se réjouissent sept fois
lorsqu'un pécheur rentre au bercail
mais les hérésiarques brûlent l'hérétique qui clame!
"le spirituel & le matériel ne font qu'un
la chair est habitée par l'esprit
& l'âme se nourrit du corps."

Je serai guidé par celui à qui je m'adresserai ou l'autre qui viendra à moi. Je concentre toute mon attention & sa vie imprègne mon souvenir. Je sens l'écorce de la terre quand il m'apprend le monde qu'il a foulé pied nu, simple enseignement quotidien.

Nous sommes nés à un bout de l'univers sur une belle planète ensoleillée. Je veux la communion parfaite du vide des dieux. A chaque aurore, seul & le vide insensible autour. Pour toutes ses fleurs roses & blanches des grands arbres, je marche puis oublie l'heure. La nuit attend, je suis transi de froid, il me faut me lever & promener mon cœur sur le goudron luisant de rosée. Les graviers crissent & la nuit cache ma fuite. Je remets en marche ma vie pour ce matin

- le Tout est

dans l'œil qui le reconnaît > il EST l'œil....

Nous marchons, nous mangeons en rythme. Il n'y pas d'autre ville où je désire vivre, je suis dans le panier de New Orleans. La seconde que j'ai passé reste en mon souvenir juste le temps pour garantir le fil de l'existence, mon cerveau se consacre aux instants imprévus. Ecrire pour les entasser & vous ravir. Reconsidérez vos biens: ils resteront distincts de vous jusqu'à la consommation des siècles.

(le gueux pousse plus loin sa quête; à la fin du pèlerinage,
ce vagabond sur terre ad instar une errance:
un mendiant qui vaque dangereusement.)

Tu voulais savoir ce que je ferai l'année prochaine?
je savais déjà que je te quitterai & tu comprenais que cela devait arriver
(tu l'as dit:
- quitte-moi, je ne le veux pas.)
Moi: rien.

Je peux juste vagabonder pour la chance d'un jour
& me permettre de la rater tous les jours.

Mais ne pas me démarcher & me vendre dans les stages payants ou les boulots d'étudiant. Partir arriver à Londres, cette ville si déprimante, déconseillé aux jeunes déracinés. Mais un film voudrait me prouver que la chance est quelque part:

=tant de pas à poser sur la vie, à dérouler le ruban bleu qui échappe toujours en avant, tant d'horizons à dénicher....

(Je répète en moi la réponse:
pour faire sa parole mienne.)

"Allez voir tous les villages, vérifiez chaque carte
& dites bonjour à tous les hommes du monde.
Vous aussi, aimez-les."

Curieux d'un rêve que l'on découvre par hasard, que l'on recrée avec délectation; un ailleurs simple & beau, un lieu détaché du temps & qui n'appartient qu'au temps. La vie est l'instant, tout le monde le sait & personne ne l'a compris; tant d'espaces & si peu de temps.

Je veux aller au pays de Galles trouver les Travellers & connaître l'histoire de leurs vies, me rendre compte que ce que j'ai entrevu pendant mon escapade n'était pas un mirage du désir. La simplicité existe, je l'ai cherchée & vue. Les Mennonites & la Nouvelle-Orléans sont sur la même route que les tribus néo hippies.

Ma route que je cherche m'emmène où elle le peut sur l'instant. Je suis guidé par mes images d'Épinal & le Hasard m'en procure toujours plus! Alors, je les ordonne & me dirige vers elles. Si mes pas m'en détournent un instant pour aller glaner d'autres envies.... tôt ou tard je serais là où mon rêve se réalisera. A l'instant précis où Il prend la réalité de court & vole une torche divine. Je pensais n'aller nulle part, mais je me rapproche d'un but. Le voyage est une vie qui se développe & cherche sa nourriture dans les mythes.

L'idée reste un rêve.
Je n'ai pas encore appris à penser à la réalité.
Lorsqu'on subit la vie moderne
il faut trouver un logement &
chercher des conserves au supermaché....
-une image sensiblement décalée
se superpose dans mon esprit
à cette règle admise:
je me souviens des pommiers qui poussaient avant
que les vergers ne soient créés.

Encore plus stupide!
je rêve
aux hommes qui trouvent de l'eau
dans les gros rochers
ils y entendent le clapotis
à l'intérieur de ses entrailles.
Comment pourrait-il donner la vie?

L'homme ne répond pas,
il taille patiemment un trou,
creuse pioche pendant des jours.
Il n'a pas besoin de défiler pour le droit au travail,
contre le chômage!
= son labeur signifie pour lui
la Vie.

.... Brusquement l'eau jaillit de toute sa fraîcheur
contenue dans sa poche à l'ombre du roc hostile
tout au long des siècles.

La ville a apporté l'eau courante.
Mais je n'en veux pas,
je préfère l'eau qui coule.
Je pense au pommier sauvage qui me nourrira demain.
Il a grandit sans l'aide des hommes:
je ferai de même.
Je ne veux pas changer le monde,
pour l'excellente raison que tout va bien;
la société n'a pas besoin d'être changée
car elle ne veut surtout plus l'être.

Alors je les laisse
car je ne veux pas de leur habitudes.
Quel plus grand bonheur
que de vivre chaque instant en lui-même,
le cercle de vie se détend
en une spirale qui avance avec moi.

La civilisation & toute vie de sédentaire
ne peut subsister
que grâce aux innombrables habitudes
qui rythment sa journée.

C'est bien ainsi.

J'aime rester dans la ville
tant que je la découvre.
Je m'assoie sur les bancs & je me régale de la vue.

Puis je me surprends
à m'asseoir souvent sur le même banc,
parfois à un bout du banc plutôt qu'à l'autre.
Un jour enfin, je suis mécontent de le trouver occupé
: c'est parfois le signe.
Mais il n'est pas nécessaire d'attendre autant.

Après avoir parcouru le centre de long en large,
avoir emprunté le plus obscur des passages,
je tends à m'aventurer plus loin, vers la périphérie.
Mon intérêt s'estompe
& je rentre au centre ville comme si je rentrais
dans ma chambre après une promenade.

Je sens qu'aujourd'hui sera le dernier jour
& demain je passerai une dernière fois devant la boutique
que j'aime bien,
un dernier coup d'oeil pour graver la rue principale.
Je marcherai vers l'Ouest,
dépassant bientôt les banlieues.

Il sera cinq heure,
pas l'envie de retourner dans la ville
trop familière
& je serai de nouveau le long de la route.

Du haut des marches monumentales du Musée, je regarde les tours du centre de Philly qui perdent de leur éclat avec la tombée du jour. Le ciel gris apporte un petit vent frais & je remet ma vielle chemise. C'était un torchon qui avait servi à envelopper des cadres précieux rangés au fond d'une malle dans le grenier de la maison de Grand-dady. Uncle Jay m'en avait fait cadeau & c'était devenu mon vêtement fétiche.

Je jette le trognon & en redescendant, je sais que je ne retournerai pas à l'auberge. Mais cependant, l'aventure n'est pas encore au rendez-vous. J'ai l'adresse d'une auberge dans la grande banlieue, de l'autre côté du fleuve.

Vers l'ouest trouver le Chamonix Inn.

Mon sac est léger & les grosses sangles encore imbibées de ma sueur de l'aprés-midi me rafraîchit le dos. Je continue de marcher, rapidement je passe par dessus l'interstate 95 qui gronde sous moi. Cette autoroute part vers l'Ouest & pourrait me déposer en moins d'une demie-heure à mon but.

M'éloignant de cet horrible gouffre nauséabond dont la facilité artificielle me répugne, je pénètre rapidement dans la banlieue de West Philadelphia. Je garde le cap sur les rues qui laissent entrevoir le coucher du soleil.

Les riverains me dévisagent, des bandes qui parlent sur le trottoirs s'écartent pour me laisser passer, un homme sort sa poubelle. Trois gosses s'arrètent de jouer à mon passage puis dans mon dos, j'entends la balle de basket résonner à nouveau bruyamment & leurs cris reprennent.

La rue s'assombrit peu à peu & quelques porches s'illuminent d'une ampoule jaune. On voit là un salon rouge au travers de la moustiquaire & les voix de deux femmes se répondent d'une pièce à l'autre.

Je suis fatigué & pourtant je ne peux pas m'arréter de marcher. C'est tout le contraire d'un défi & je ne ressens pas le besoin de me prouver une quelconque force de caractère. Ce n'est pas afficher sa volonté, c'est juste vivre.

S'arrêter ne serait pas signe d'abandon, seulement je dois m'éloigner des habitations pour me reposer sereinement. Donc je marche -malgré ma soif & ma fatigue....

& je suis curieux du mystère représenté par l'horizon, souvent si lointain & que je rattrape parfois au bout de l'ultime seconde, celle qui remet la barre plus haut. Je suis mon horizon pas à pas, toujours certain d'en venir à bout d'une seconde à l'autre; & pourtant secrètement, j'ai l'espoir qu'il ne s'arrêtera jamais.

Il n'y aura plus d'aller-retour.

Avoir un billet retour à l'esprit, c'est voyager à rebrousse chemin: le retour se fera de l'avant! d'une journée à la suivante, la vie du nomade reprend ses droits de liberté. La question est posée: est-ce la liberté? la liberté se construit & il nous faut commencer par prendre quelques libertés avec les schémas de vie que l'on nous a enseignée.

Tout de suite, je dit que vous avez raison: la *vraie vie* est la vôtre & je cherche une utopie.... Je suis parti à la recherche d'un pays qui n'existe pas. J'ai tort & je me perds, je me suis fourvoyé

& vous ne serez pas perdus

pour tout ce que vous êtes –vous, tout le monde.

Mais n'y a-t-il rien d'autre à côté de votre monde?

Derrière l'habitude que j'ai prise de vous voir tous les jours, j'ai aperçu un mythe.

Juste une lueur diférente qui a su allumer un espoir, étincelle initiale dans mes rêves. De plus en plus, je découvre certains indices & je vois bien l'envers des théories urbaines. Les marginaux ne sont pas en marge mais à l'écart & ils sourient. Peut-être même sont-ils heureux....

Fasciné par la simplicité nue de la vie.

Demain n'existe pas & n'arrivera jamais. Or je pense sans cesse au futur: c'est-à-dire que je le rêve. Cette construction en pensée se superpose à la contemplation du paysage pour l'instant présent; & m'apporte un contentement proche de la béatitude.

Ce bien-être que je conçois possible découle du hasard qui ici m'apporte l'instant nouveau -malgré les désaccords, les contre temps, le faux et les faux-semblants.

L'erreur de se rêver & de vouloir s'exaucer conformément à ses plans…. La sagesse consiste à jouer avec le hasard, en revivifiant sans répit les idées de la seconde qui arrive. La nuit permet de rêver ce rêve pour lui-même. Le matin apporte le présent en contre point de la trame que l'on a pû imaginer & reporte le prochain rêve à demain, que l'on enjolivera chaque nuit d'avantage.

La marche se confond avec la vie.

L'esprit s'absorbe dans la contemplation & le corp résiste à la fatigue. Seule la faim peut m'alerter & c'est pour cela que je la combats. Je me force à marcher pour me forcer à vivre. Je ne conçois la vie que forcé & lancé à mes limites physiques & logiques.

Vivre enfin, car tout le reste n'est que confort. Ce confort qui endort, c'est pour ça que les hommes civilisés s'acharnent à travailler: ils s'épuisent à rester endormis.

Ce que je fais, aucune bête ne l'aurait fait. Les travailleurs sont des bêtes qui n'ont pour seule ambition de maintenir les murs de la société. Ils sont protégés contre la vie.

Vivre, c'est voir demain & je me bats chaque jour contre moi-même pour ne pas considérer demain comme aujourd'hui. Tout ce que j'ai bâtit doit s'anéantir pendant la nuit. Le matin est la naissance du temps en une belle ligne droite.

La nuit pour le rêve & l'amour, le jour pour la contemplation & l'envie. Car une heure qui a été vécue sans envie d'amour n'est pas digne d'avoir été passée: elle en devient absurde.

Passer sans attaches permet à l'esprit de se voir uni avec le flot naturel. Il n'y a alors pas de répit à la réflexion de l'homme. Il n'y a plus à agir car l'on est en dehors de l'action ou de l'inertie.

Je passe & construis ma poussière d'histoire. Rien d'autre ne compte. Si tous se mettaient à penser comme moi, où irions-nous? Vous savez qu'il n'y a aucun risque à cela car vous avez peur.

Je n'ai aucune expérience de la vie des nomades que je rêve en cet instant. J'avoue ne rien y connaitre, pire: je ne suis parti qu'il y a quelque secondes.

Moi, le plus jeune des voyageurs sur la route.

Mes accidents se passent & se repassent
  sur une route déserte
    bordée de terrifiants arbres en fleurs:
ma vie solitaire est un alignement d'obsessions irréductibles
  qui ne menacent que moi seul.
          & pourtant!
je vous affirme que l'amour est droit, sincère
  & toujours original.
Que l'amour est une conscience pure & réelle,
  dans laquelle il n'y aura jamais la place pour les desseins
    ou la persuasion.
Que l'amour est dégagé de toutes les expériences.
Que l'amour est mutuellement & instantanément ressentit,

puisqu'il ne peut ni se déclarer
  ni se laisser séduire.
Oui, protéger les sentiments!
  exiger que la beauté vienne à soi!

Ou bien c'est moi qui la capturerai.
Je l'emprisonnerai dans un sombre coin de mon cœur
  pour nourrir des plaisirs inavouables,
    jusqu'à la flétrissure de sa dernière larme,
je serai capable de tuer si la beauté
  tentait de se soustraire à l'assouvissement de mes désirs,
          prêt à tuer....
pour mon bonheur.
L'amour est matériel & sensuel
  comme toutes les idées.

L'HISTOIRE EST FORT DESORDONNANTE

L'écriture arabique est étrange, sauvage & le plus trivial des mots atteint dans son délié cursif une insoupçonnable dimension artistique. Les contours s'enlacent & brodent des inscriptions en grand apparat; alors que le langage n'est que le serviteur du sens, il retrouve instantanément la beauté de la pensée originelle. Sur le plus insignifiant des supports se dessine d'esthétiques arabesques qui semblent empreintes d'une force & d'harmonie.

Car les fines courbes noires s'allongent avec simplicité & lenteur pour parler à la sensibilité des hommes avant de devoir informer leur raison: la main de Dieu s'écoule au gré d'une calligraphie révélée, par la suite déformée par ceux qui désobéirent au message d'amour manuscrit.

Ainsi, les filles de Danaos ont refusé l'hyménée avec les fils d'Egyptos & aujourd'hui encore, toutes ces lèvres pulpeuses & timides sont condamnées à jamais de maudire leur âme repentante. Le péché sera pour toujours l'agrément autant que la disgrâce de la femme voilée. Ce sont là les curieuses réflexions de ma première journée en Egypte.

Comment tout cela a-t-il donc pu se faire?

L'ésotérique légende sur le long rouleau de papyrus indéchiffrable dormira dans l'éternité ensorcelée. Depuis toujours, je suis au pied d'un obélisque, à moitié enfoui dans le sable, qui pourrait être l'obélisque érigé à Paris, ou son jumeau, épargné par Bonaparte, encore dressé à Louqsor. Mais le bloc de granit rouge contre lequel je suis adossé est celui de la cité de Rê, à quelques kilomètres à l'Est du Caire. Pi-Rê, cette illustre ville, rayonnait sur tout l'empire du Pharaon, entièrement consacrée au culte du disque solaire.

Le temps se chargea à sa façon du site, laissant aux hommes pour tout souvenir, un obélisque & un arbre. Les hommes, frustrés, dépossédés des vestiges du splendide passé, se persuadèrent bientôt que l'arbre avait abrité de son ombre Marie & l'enfant Jésus; puis l'arbre mourut & les hommes plantèrent un palmier. De nos jours, ce faubourg s'est modernisé, son nom originel a été traduit en Héliopolis, le tout est devenu une banlieue vivante & élégante.

Ici vivent les amis chez qui je logerai jusqu'au prochain miracle qui me ramènera à Paris. Le Caire murmure au loin, dans des cars de ramassage scolaire aux vastes vitres blindées contre la vie, des touristes peureux sont surveillés. Toutefois, ils se perdront dans le dédale insensé du célèbre musée égyptien.

Le chantier est au bord du terrain vague, entre les deux immeubles décrépis du pâté de maison & m'a réveillé très tôt ce matin. Je suis contrarié par l'agitation impromptue qui ne respecte pas mon sommeil. J'avais échappé au nasillard & langoureux appel à la prière de cinq heures, mais j'entends maintenant le martèlement incessant des clous qui s'enfoncent dans de longues planches jaunes pour finalement disparaître une fois que le bruit s'arrête.

Les nombreux ouvriers sont pieds nus dans le ciment frais du premier étage, leurs gestes désabusés sont mécaniques & prévisibles. On travaille ici pour manger & on mange pour travailler toujours plus. Les enfants ont sept ans peut-être & sont là pour aider leurs pères & frères, ils portent des sceaux, ramassent des bouts de bois ou de fer devenus inutiles. Ils ne rient pas, le travail est difficile & le soleil est brûlant à chaque lever du jour, dès huit heures.

Pourtant, je me sens rapidement fasciné par ces hommes au travail, magnifique effort qu'ils font ; un ouvrier qui travaille n'est jamais ridicule, il connaît son métier & sait ce qu'il fait. Tout en les regardant de ma fenêtre qui surplombe le terrain, je les vois ériger toujours plus haut l'ouvrage, étage par étage. D'ailleurs, instinctivement, on s'arrête toujours devant les chantiers.

Cette dernière phrase me fait vomir & je détourne lâchement mon regard de ces hommes qui ne prêtent aucune attention aux touristes chapeautés & arrogants. Ma vie m'apparaît pitoyable de facilité, je fait appel à Ma'et, déesse de la vérité, pour faire contrepoids à mon cœur, la montée des élus ou la chute des damnés. Alors pourquoi cette photo accessoire que je prends pour amorcer ma première pellicule? Vaine fixation de fières existences enchaînées pour l'éternité.

Paul Lafargue me considère écœuré, mais après tout, une injustice n'est rien si on parvient à l'oublier !

Puis on se rend dans l'intarissable musée, halte incontournable du touriste consciencieux que je souhaite devenir au plus vite, la fraîcheur du bâtiment me soulage de la chaleur poussiéreuse qui étouffe la ville, je presse ma main moite sur le mur froid, tandis que ma joue en sueur vient se poser d'un air solliciteur.

Un avis étonnant est placardé en français, je le considère en souriant: "les gardiens ne sont pas autorisés à converser avec les visiteurs. Les visiteurs désirant parler à un membre du personnel du Musée sont priés de se soumettre aux règlements, dont les employés des bureaux du Musée (la première porte sur la façade principale) leur donneront connaissance".

Le musée est vétuste, visiblement inadapté à sa fonction, encore arrangé comme au début de ce siècle, au point que l'ambiance studieuse & compassée des balbutiements de l'archéologie paraît de mise. La répartition des trésors semble avoir été faite au fur & à mesure de leur découverte, selon l'ordre suivant lequel ils ont été reçus au musée, chaque objet s'entassant négligemment dans un fouillis inconcevable, indifférent aux règles les plus essentielles de la muséologie.

Tout d'abord les numéros en noir, fond blanc, qui désignent les salles & les sections de galeries; un numéro est placé aux extrémités de chaque section & une flèche en indique le début. Autant numéroter un labyrinthe, l'entrée s'ouvre sur la salle 48 & la longue perspective qui permet de contempler l'admirable atrium central est divisé en plusieurs parties: ce qui oblige à traverser des sections concomitantes logiquement numérotée de cinq en cinq & dans l'ordre décroissant.... Aberration qui commence au fond à gauche du bâtiment, pour ensuite se déverser tout ingénument dans chacune des cases du seul musée qui se visite à coup de dé, selon les règles traditionnelles du jeu de l'oie.

Ce n'est qu'une fois mis à plat que le plan de l'édifice révèle, comme à regret, le mystérieux aménagement des salles dans un ordre qu'il est absolument impossible de discerner lorsqu'on est englouti dans la panse du monstre pré muséologique.

L'impression de confusion démentielle est couronnée par l'effrayante classification choisie pour cataloguer les chef-d'œuvre, exposés dans d'antiques meubles de bois vernis, aux vitres rendues opaques par la poussières & les chiures de mouches, toutes fermée par d'obsolètes cadenas. Les numéros d'exposition suivent une description qui date de 1915 & sont proprement incompréhensibles. Certains sont cités en référence dans divers ouvrages, mais pas dans le guide; & d'autres numéros, triomphalement soulignés de rouge, sont en revanche décrits (aux pages 28 à 286) dans leur ordre numérique, "de sorte qu'on peut trouver à l'instant la description de n'importe lequel de ces objets". Sans oublier la numérotation spécifique des objets issus de la tombe de Toutankhamon, provisoire depuis 1922.

Tous ces chiffres sont inscrits précautionneusement à l'encre de chine, sur des étiquettes d'écolier, bordées d'une ligne bleue, avec les angles bisotés, comme des biscuits dont on en aurait croqué les oreilles boursouflées. De plus, dans bien des cas, la numérotation ne correspond plus au catalogue, au fil des constantes modifications dans l'emplacement des objets, causées par la nécessité de trouver de la place pour les nouvelles découvertes. Le guide prévient d'ailleurs fort honnêtement qu'il "est périmé presque aussitôt après sa publication" & de toute manière, que "la grande majorité des visiteurs ne suivent pas l'ordre suggéré".

Je me dégoûte de la méticuleuse visite car ce musée est un inextricable amoncellement de trésors de bric & de broc! & cependant, je me suis gavé d'informations sur la chronologie & l'histoire des anciens égyptiens, je connais tout: l'époque préhistorique, puis Ménès, la périodes des Pyramides, les quelques périodes intermédiaires, la basse époque de la trentième dynastie, une poignée de conquêtes, les perses, Alexandre, les romains, les arabes.

Le temps n'est plus compté, je suis désespéré.

Un souverain meurt après l'autre, les puissants légitimes ont leur mastaba ornés de sculptures d'une grandes finesse, au pied de leurs tombes. Mais la décadence inéluctable est là, les monuments florissants à l'apogée des éphémères puissances sont fort heureusement exterminés. Seuls les prêtres d'Amon, la force du mal, peuvent accaparer le pays, suivis par les généraux grecs qui se présentent ostensiblement comme les héritiers directs des Pharaons.

Incessantes pensées philosophiques & stupides sur le pouvoir, je vais mourir respecté & couvert de titres royaux. Triste perspective & j'abandonne toute approche historique ou même chronologique des richesses qui s'offrent à mon imaginaire pour les prendre chacune à partie & les supplier de me raconter leur propre petite histoire; avec l'espoir que quelque scribe ou fellah, un colosse ébréché ne me susurre une légende oubliée dans le creux de l'oreille.

J'enfonce dans mon sac le guide & ses laborieuses descriptions, pour aborder mon exploration curieux & vierge; laisser chaque objet m'impressionner.

Des barques sacrées, mises à la disposition du roi pour qu'il s'en serve dans l'autre monde, m'attendent à l'entrée. Leur secret de fabrication est perdu, elles n'ont pas de côtes, sans doute est-ce le seigneur Dieu qui prit de la chair de leur côté, puis il referma en calfatant avec du papyrus; j'embarque serein.

Un Pyramidion en granit noir flotte autour de moi en des cercles qui rétrécissent & me narguent, comme des circonvolutions dans l'eau qui se rapprochent de la frêle embarcation. La couronne pyramidale est un sommet extra-terrestre, la petite pyramide dont la hauteur égale la largeur forme le toit symbolique sur le monument de briques crues, de couleur ocre rouge. & les étudiants appliqués font des croquis scolaires, mal assurés, assis près de la serre qui protège le sol du palais, celle-même qui fut saccagée par des paysans en colère: créer ou manger?

Un groupe de statues colossales s'élève au fond de l'atrium; sept mètres de calcaire dur auxquels je reste insensible, étonné au contraire que leur imposante stature ne me trouble pas, presque inquiet, mais je poursuis ma flânerie, avec cette interrogation dans un coin de l'esprit.

MUSIQUE ALITÉE

Ma patience a des limites.
Celles de la matière,
d'une torsion de rêve réinscriptible.
La voix de *Bird* en ces temps-là,
un temps contenue,
s'est déroulée sous mes yeux,
réduite à un fil fragile qui se liquéfie,
interminable & diabolique....
La portion retors.
Plus je m'acharne à le ressusciter & trouver le moyen
de dévoiler à nouveau les enchanteresses vibrations,
plus il se tortille frénétiquement sur lui-même,
répondant à mon souffle salvateur
par des contorsions de moribond.
Il refuse ma vie, je l'ai tué par ma peur du temps,
il me sait responsable de sa mort infamante,
il accepte, appelle sa fin pour faire éclater mon impuissance.
Sa mort fut heureuse,
il a ri dans son agonie en voyant,
sous le masque de colère excédée que j'arbore,
poindre insidieusement le remord.
La musique s'est enterrée sans moi.
Comme j'aurais voulu la supplier de m'emporter
dans sa douce incertitude.
Personne n'a songé à accorder une chance à la liberté.
A présent, mes désirs avortés se putréfient
sous le regard bienveillant de l'ange noir.

Je suis dans la petite chambre d'une petite maison. Les murs sont rose saumon, parsemé par les papillons de papier aux images polychromes que j'ai punaisés une fois pour toute. & je veux vérifier ce soir ce qui devait arriver : j'ai mangé une belle boulette. Peu après les initiés, là-haut, sourient lorsqu'après un moment, je commence à rigoler.

Hilarité violente que je ne peux -ni ne veux contrôler-, je rembobine plusieurs fois la cassette où j'ai enregistré mes hilarités. J'écoute le passage avec un fou rire indicible & lorsque je pense à accélérer la vitesse de défilement de la bande, les rires suraigus éclatent comme des bébés qu'on chatouille: invinciblement drôles & j'explose d'un rire de hibou.

Puis je me rappelle mon devoir & me force à expliquer mon expérience. Je suis encore maître de mes pensées, seulement ma tête tourne & je me sens très las: je bredouille mes phrases sans trouver mes mots, tandis que des termes tout à fait incongrus sautent dans mon esprit. Je me rends compte que mes phrases deviennent inintelligibles, ce qui me plonge dans une joie folle. Je ris brusquement, sans raison, pour ensuite m'en rendre compte & rire alors d'avoir ri sans raison.

Dès que j'ai trouvé enfin la fin de la phrase, je la récite rapidement avant de l'oublier, d'une voix monocorde qui me semble très sérieuse: je me moque alors de mon intonation faussement grave.

Parfois cependant, je me sentais soudainement en train de recouvrir mes moyens & j'arrivais à débuter une idée sans même songer sourire. Puis un tout petit rire, très bref, que je n'entendais pas tout de suite.

Mais dès que j'y avais réfléchi & compris que ma risée n'était pas encore terminée, je me remettais à me tordre de plus belle. Je bégayais & me mettais immédiatement à rire. (rire de bon cœur, gaieté, rire aux éclats, aux larmes, étouffer de rire, désopiler, épanouir les lèvres, se ridiculiser, grotesque, bon enfant). Peut-être même m'étais-je senti contraint de rire.. .. .. j'ai pris le magnétophone & j'ai rigolé (?).!

C'était des rires qui.... s'enfonçaient. Je me suis rendu compte qu'il y avait beaucoup de rires & quand j'ai allumé le plafonnier, la lumière a paru, c'est marrant!....(rires) & quand la lumière était paru, j'étais pas content (rires) j'étais pas content & je voulais vrai.... (silence) & je voulais vraiment que ce soit (soupir, je me sens très sérieux, je ne comprends pas), que ce soit correct, que ce soit.... une performance.

Alors (rires) Alors je, alors en fait, j'ai voulu, j'ai voulu me rendre compte, avec le résultat; me stupéfier…. & dès ; j'l'r'mets.... (Arrêt).

& (soupir) je le remets au départ pour euh, pour, pour écouter la cassette, la bande que j'ai faite.... & c'est.... (rires) drôle parce que ~, je commençais à m'entendre rigoler, alors je (rires) (putain), alors je chais pas, ça me fait rigoler; ensuite & je euh je (rires) devrais rigoler. Et & parfois je fais pas trop attention à, j'écoute pas trop, j'écoute la musique.... Euh, c'est pas, (rires) c'est pas des chiffres (rires).... & je.... & pourtant, je m'en re-rends un peu compte que c'est derrière, que.... que j'entends.... & que je rigole quand même, de temps en temps; alors, alors je, alors j'écoute & ça (long soupir), alors j'écoute & je fff....

alors j'écoute & jeeeeuh.... carré ouhh....

alors j'écoute & jeuuh, ouff chais plus....

J'ai plus envie, j'ai plus envie de rien faire là; attends, chais pas c'qui me prend; tain ça été brusque là.... Attends, j'te, là j'ai envie de rigoler, j'peux même pas....

Putain éh, j'ai des, ah j'ai des fourmis dans les.... Oh putain c'est pas vrai.... Tain j'peux pas.... J'arrive pas à me gratt.... Ah putain, le bras.... Attends, c'est pas vrai.... Ah ma tête.... Cham.... j'ferm' les yeux, attends.... Ouh lààà, j'ai mes doigts qui tremblent, qui glissent le long du truc (le magnéto, que je tiens encore entre mes mains).... Ca tient pas.... tain j'arrive p', je serre mes mains là ahhh.... Attends là....

J'ai soif.... tain.... attends éhhh, j'voulais raconter un truc où j'rigolais & chhh-je, je voulais.... je pensais à kekchose & j'arrète de parler.... èhh.

AAh, j'l'tiens sous mes bras, attends, j'voulais me rappeler de kekchose, attends c'est.... Jean-Michel Ribes....

(Rires!): J'adore, chuis pas influencé!.... (Longs rires musculaires qui sonnent niais: ce n'est pas le même rire.... un peu forçé?). Oh j'ai mal à la tt.... Oh ouais !

(J'entends la musique & commence à chanter quelques notes en battant la mesure) Ta ta-ta, ta ta ta ta-da.... Ahhh, (douleur) j'ai j'ai mon sang à la figure qui-qui est brûlante & qui se dépose sur mé-mes joues.... (soupir) C'est, ça m'alourdit la face & j'ferme les yeux & j'me rends compte d'absolument rien, passeque.... AAhh j'ai envie de dormiiiir....

Ouahhh, ç'a y est, je vois jaune....

Ahhh de l'autre côté~ ?!....

Ahh j'suis en train de faire un reportage & y'a un "J".... Ah c'est long, c'est blanc.... ah j'ai les bras qui pendent, j'sens bien.... AhhhAhhhh-A Opioomaaann!! Ahouéhhha! Ahh ouiiiii-ah Ève je t'aiii-èh-èh-èhèhèhhh-Ah!-ai-meuh-euheu!-eu-euheuh-Aahh! Ouh! Ah ouiii, j'rigole com' çaààààà! euh....

Puis, je me mets à chanter faux (j'imite une voie d'alcoolique) je reprends le flambeau-oh-o! LA SUIIII-ITEUH! (rires déments, à la limite de cris. Vague mélodie & dès que je l'entends, je chante là-là-là! d'une voie de baryton l'air des péplums pour annoncer l'ouverture des jeux, qui dégénère en Indiana Jones.... Vaguement la Marseillaise, très faux, avec mon harmonica, je souffle & chante en même temps, tout en pouffant de rire en entendant le résultat, qui se transforme en un air classique ; enfin, très modifié !

Puis des sons stridents, des chants d'alcoolos. & des vocalises appliquées qui ne durent pas longtemps, vite renversées par des sons de trompettes en folie. Je reprends mon souffle bruyamment): c'est ça -ouhouh-é-éhéhhh-iiiih! (Des mélodies grivoises paillardes, que j'enleve dans des rires à gorge déployée. On croit reconnaître ne pleure pas Jeannette, c'est la lutte finale. Au zénith de mon excitation, j'éructe ces mots d'une voie de Satchmo enroué): "Parlez muselière, de passage dans un carrosse ohééé ohé ohé ohééé (rires) à plusieureuh reprises,.... mais ce sera pas drôle....

(Je prends, pour m'amuser, un air faussement sinistre); oh meerde. (Mon souffle devient pénible & je me sens subitement très mal. Je débite une suite incohérente, comme dans une hallucination).

Des scènes, ssss, qui me transportent....

qui concernaient.... mais au cours desquelles traçaient....

transparaissaient la qualité singulière des rapports....

de marque, justement....

ffffouais, ah ma tête, juste dans l'axe du mien....

appartement de la rue d'Ranelagh.... Mais demain, il ne fera pas plus d'indices.... & achète juste en bas. Ca passe dans mon p'tit estomac vert & avec des reflets luisants comme.... dans le soleil. Dans une grotte, il y a un petit trou avec un halo & il se passe.... ohh, y'a des tam-tams.... oh-ui! y'a des tam-tams.... hhh, il y a un joli guitariste avec des cheveux.... non non, il n'est pas étonné.... il est pieux, il voit la faiblesse de l'homme.... (douleur) Ah j'ai les joues lourdes, ahhh chuis ankylosé j'ai, j'ai soif.... (dans un souffle, tragiquement ; je bois)..... snff je dois savoir aimer.... snff Oui c'est ça que ça veut dire....ah ouais, bande magnétique, que c'est triste....j'ai mal aux muscles....

Terrible.... j'ai fait tout ça, (je chevrote) & puis ensuite, j'ai écouté ma voix & j'connaissais toutes les répliques, j'les avais déjà écouté; j'écoutais le passé, j'écoutais ssque j'avais, ssqui m'avait fait rire, ssqui m'avait tenu au téléphone, la main en l'air, à pleurer, avec le cœur palpitant, et.... & de penser en même temps que j'étais heureux & que c'était bien?!.... c'était, c'était.... ssqu'il faut.... je.... (ma voix tremble), j'aurais été où?.... c'est sssqu'y faut.... ce ssqu'y faut, c'est être heureux;

avoir la force, c'est justement pas.... pas.... être conscient de ssqu'on fait.... pas avoir de traces saccadées.... dans l'ombre.... et.... les muscles est tétanisés.... Ah non, Ah AHHh (cris de douleur) ah non, c'est pas t.... c'est ça, ah ça m'a perché, chuis complètement mal, attends.... toutes celles.... (je tente de combattre ces vibrations internes):.... j'ai mal à mes pieds.... j'suis pas logique, c'est pas bien. C'est pas correct ce que je fais, ahhhh.

o

Il porta la main à son front, posa un doigt sur l'exacte point où s'installait déjà la petite douleur en vrille, aiguë. En formules brèves qui s'enchaînaient l'une à l'autre, elle définit le malaise qui l'envahissait. Ces quelques mots lui montaient bizarrement aux lèvres. Georges les vit en passants & nota bizarrement certains détails, comme dans un rêve.

Il voulut allonger la main; mais l'effort lui parut immense, disproportionné à l'objet, ridicule. Il ne bougea pas. Une paix voilée de brume descendait sur lui. Du fond de son Nirvâna nocturne, il perçut qu'il n'était plus son maître. Il reposait dans son lit comme un lingot de plomb, abandonné à des lois minérales. Il se dit: "je vais mourir". & des pensées incohérentes le bercèrent, par bouffées, comme les phrases d'une ronde enfantine.

Elle lui sembla bizarre, toute proche, animée d'une vie secrète. Les mots fuyaient. La lucidité lui revenait peu à peu, qui dissipait ces brouillards, cette fièvre. A présent, son esprit était clair. Il tenta de se redresser. Mais il ne le put.

Sa tête remua faiblement. "Je veux me lever!" Il serra les dents pour accomplir le plus grand effort de sa vie. "Je ne peux plus bouger.... "

D'un seul coup, l'angoisse confuse devint une peur animale -une effroyable terreur. " Au secours! " Il cria comme une bête, mais il sut que le cri était à demi-étouffé; qu'il ne franchirait pas la porte de la chambre. Les mots en fuite, les réminiscences littéraires, les phrases, tout cela était balayé! Dans l'esprit & le cœur ne demeuraient que la peur. (je savais qu'il y avait une fin). Il fit encore, pour se lever, un effort surhumain. Rien. Pas un centimètre de son corps n'avait bougé. De nouveau, la bouche de Georges s'écarquilla. Un cri terrible ébranla tout son être -& ce cri fit moins de bruit que le gémissement d'un enfant dans son sommeil.

"ouh.... hem! Un grand nuage bleu.... avec un trou qui se forme au milieu & il y avait.... une pointe blanche qui arrivait, comme ça, vers le haut & qui a transpercé le nuage; & une petite étoile.... hhh....

J'ai abandonné mes études avant la fin de l'hiver. C'était la fin de mes amours d'adolescent tracés dans l'échec. Pas d'études, ne voulant pas travailler pour accrocher un diplôme, encouragé à refuser la vie active, vivant & construisant une mentalité d'excellence.... Il pleuvait & la nuit tombait tôt. Je rentrais de mes cours par des rues obscures. Etonnant que j'eu choisi des cours si tard le soir, jusqu'à huit heures & demie.

De plus en plus, mes mâtinées prolongeaient un sommeil qui commençait chaque jour un peu plus tard. Je manquais quelques cours, que je rattrapais, pour insensiblement ne plus me soucier de récupérer les photocopies de retard. Les trous & les sauts de chapitres se multipliaient dans mes cahiers, les feuilles volantes, les notes souvent paresseuses.

Depuis Noël, je ne vais plus au cours & je ne suis que les travaux dirigés, obligatoires. Je comble mes lacunes pour garder la moyenne & ça suffit: je réussis mes examen sans avoir rien révisé; & en trichant un peu....

Mais, les vacances de Pâques sont finies & je ne suis pas retourné en cours. Cela fait quelques semaines que je manque parfois les T.D. De retour de mes vacances de deux semaines en Egypte, avec ma mère & mon petit frère de neuf ans; je me promène dans les rues chaudes & ensoleillées de Paris. Je me sens libre, libre des contraintes, des soucis, mais je me sens seul.

Je cherche l'amour, insolemment, insistant & forçant la chance. J'y arrive jusqu'au jour où je rencontre Ève. Cette semaine, la dernière du moi de mai, je quittais une fois pour mes quelques amies épisodiques pour partager ma vie avec la nouvelle fille qui est en ce moment si libre. Je m'accroche à elle & je la sens se rapprocher de moi. Nous sommes unis pour longtemps.

Seulement, sans un nuage à l'horizon, je découvre justement l'horizon: le futur, l'avenir, le temps. Tout ce temps qui se profile, à moi de le construire, de le découvrir. Tant de difficultés m'effraient & je me cache mes responsabilités. Je vis dans le confort jour après jours, faisant la fête & l'amour à tout moment, le jour & la nuit. A écrire, à parler, à méditer, à apprendre des façons de vivre marginales: si d'autres y arrivent, pourquoi ne pas essayer?

Mais il faut se prouver que l'on est apte, assez fort, suffisamment courageux, pour endurer la dure vie du nomade. Je veux tenter ma chance & je veux rencontrer les difficultés, que je saurai affronter, quotidiennement.

Vivre dollar par dollar. A moi la route américaine, j'y arriverai! Du moins j'irai voir ce que c'est. Je dois me couper de tout ce qui me retient dans la logique de la société. Looser des intrigues : je ne sais pas: je ne peux pas! Laissez-moi partir & vivre de vos restes, je ne vaux rien, acceptez que je vive & je me tiendrai loin de votre chemin. J'ai faim mais personne ne veut que je travaille pour lui.

Je suis las d'attendre qu'on daigne me dire non alors que j'ai pris la peine d'aller vendre mes services. Je n'aime pas gagner de l'argent, de toute façon, une vie ne se gagne pas, ce n'est pas la bonne définition.

Une vie se vit, se contemple & se construit.

La vie idéale est une vie heureuse ou une vie intéressante? A 20 ans, on ne peut pas être heureux, du moins je ne le peux pas. Ceux que je vois apparemment heureux, ces jeunes qui rigolent m'énervent: je les méprise à en avoir mal au bide.

Je ne crois pas un mot de toutes ces histoires. Je cherche la route & je veux revoir le hasard! j'aime & peut-être est-ce tout l'amour que je suis capable de donner: juste la laisser m'aimer & lui être fidèle pour l'avoir tout à moi....

& l'autre, après que j'eu expliqué le sens de mon voyage, il m'a sourit en disant *bien sûr, en stop & sans argent*. Il ne me croyait pas & se foutait de mes explications, tant il me trouvait ridicule d'afficher une telle mythomanie. J'étais surpris car pour la première fois, je comprenais que je n'étais pas souvent cru. Frustré & déçu, je m'en fous, mais sur des faits crédibles aux détails faciles à prouver ou à soutenir en cas de besoin.

Je ne suis pas un révolutionnaire. Je ne connais pas les images qui soulèvent le peuple. J'ai entendu des discours vibrants, profonds & paraissant très vrais –mais tout cela n'est que pure supercherie. J'ai vu dans la foule des hommes pleurer qu'ils voyaient la vérité énoncée, qu'ils sentaient maintenant leur appartenance à la nation & tous avaient la chair de poule en entonnant alors l'hymne ensemble. La musique barbare les unissaient & déconnectait leurs esprits, ils redevenaient des singes d'un clan dont le poil se hérisse pour combattre.

Pour se battre, l'animal ne veut pas montrer qu'il n'a pas peur: c'est justement parce qu'il a peur qu'il se bat. Il montre qu'il est prêt à se battre.

RÉCIT D'UN POINT QUELCONQUE DE L'ABSOLU

Résigné contre le lampadaire,
je maudis ces espoirs que je me fabrique
& qui se volatilisent dès que la réalité s'en mêle.
Maintenant....
 l'un de nous deux n'est pas là....
                                        (Oh! l'ai-je vue!?)

Je me détourne presque
trop heureux, je sèche mes désillusions,
& les yeux fermés, je sais qu'elle s'approche
        de moi.
Peut-être
  qu'un élan improbable m'a aussi introduit dans ses pensées,
j'ai le merveilleux rêve de revoir, bientôt,
         très bientôt!   son regard....
ces quelques secondes en moi sont si démesurées & si
        savoureuses.
        Rencontres! partez encore à notre recherche!

 & je souris dans le vide à la chance qui va & vient
pour me rapprocher, rêves après rêves,
de celle dont je ne sais comment la remercier
de son existence.
        A l'instant,
le bonheur serait de l'embrasser sur une seule joue,
sans me sentir obligé de continuer,
deux, trois, quatre fois?
jouir très simplement du contact suave
....   sa peau est fraîche
(enlacer la fille aimée & lui raconter le bonheur
qu'on éprouve d'être vivant & avec elle.)

Je souris
Ah! son visage....
Elle est adorable,
beaucoup plus charmante que dans mes nuits.
De nombreuses espérances (ressurgissent soulagées) d'un
coin de cœur troublé
par le passé si proche & inaccessible.
Je regarde sa silhouette tendrement,
je souris,
nous aurions peut-être un jour pu être ensembles:
amoureux, âmes heureuses.

Je me souviens de notre première rencontre.
(Aujourd'hui, elle a prise des poses d'adulte
& sensiblement, en devient une.)
Je suis sans doute encore amoureux & je me promets
de la suivre partout.

Ainsi retiré dans ma maison de poupée,
je la contemple avec un désir
vrai & innocent.
Amour toujours prêt à se révéler (- sans se dévoiler!)
pour fuir la jalousie
ou la possession.

Parce qu'elle
est assise face à moi,
emmitouflée dans une grosse doudoune,
amour libéré, liberté amoureuse?
espoir risible!
L'espérance survit
grâce à la faiblesse
& à la démence des hommes.
Souvent
lorsque je ressens le calme
de la nuit me pénétrer,

je sais
que l'esprit dépend du charnel:
C'est vrai. Les sens nous relient au monde de l'idée.
Rien n'est plus illusoire & absolue que l'*im-matérielle*
sensualité.
Je vois que le monde est mon spectacle,
la vérité est que tout
est ma création,
TOUT
n'est qu'une simple & éternelle
recomposition de la vie par l'imagination:
je vois une fontaine de mosaïques,
& un chat noir dont les yeux éclatent discrètement,
puis une pluie fine dans un ciel invisible,
nous sommes ensembles pour ce soir.

(Car voyez-vous,
l'herbe, la fumée momentanée, n'est pas nécessaire.
Le rêve enfumé est
trop facile,
l'èvasion temporelle est une fuite d'artifice.

Un bonheur faux
pour remédier aux éternelles lacunes de l'i
magi
n
ère .)

Je dis: " Bienheureux celui qui soigne l'isolement
pour rechercher l'irréel palpitant du monde,
le moteur du cœur. "
.... Mumm,
& s'il ne restait plus que la poésie de vrai
?
(= la mise à nu par la
fusion des imaginations latentes.)

Juste de quoi
se détacher de l'agitation,
montrer la différence qui nous rend tous semblables
.... pour se faire aimer.
Nous dépendons de l'amour,
& vous dépendez de l'autre.
Ils dépendent de toi, Seigneur.

Comme je méprise ce débauché vêtu d'un magnifique loden!
Juste trouver en moi de quoi
créer &
de quoi écrire mes sentiments,
de quoi découvrir mes visions
pour les offrir à ceux que j'aime.

La création, l'utopie & la fraternité -sans payer la liberté....
sans doute.
(& alors?)
Je ne veux plus être seul
je voudrais tant que nous nous aimions: impossible,
mais
on fait ce qu'on ne peut pas éviter, et
on est
ce qu'on souhaite devenir.
.... Car seules les intentions comptent.

Je m'éloigne de notre rencontre, innocente comme
l'imprévu,
spontanée comme ton apparition,
irréelle comme nos regards....

belle comme le square d'enfant.
Le vent, la fumée, le rêve
& les étoiles mouillées dans nos deux cœurs ruisselants
d'un futur insouciant.

Les cheminots marchent sur les toits
découpés sur un vieux fond zodiacal
& j'appelle une étoile par son nom.

Du bonheur asséché qui s'échappe de mains trop avides
& retourne dans la terre nourricière
sablonneuse.

Regretter le temps qui marche impassible devant moi,
(le temps ne passe pas; il est au-devant)
le bruit sourd d'un bouton pression qui fait claquer l'air.
....
& puis tu m'as dit:
" Je dois y aller. "

Elle s'excuse empressée de me calmer -elle a cru que je m'énervais par sa faute. Elle raccroche & redécroche aussitôt par ce qu'elle pleure soudain. Je la console juste avant de raccrocher délicieusement.

Je t'ai aimé, nous nous sommes trompés, mais des fois, parfois, les vies se recroisent, peut-être alors le moment de ne plus nous quitter. Je te chercherai à chaque pas & dans tous les recoins de ma vie.

Chaque mot est si vrai; je n'ai jamais su parler ainsi & je n'y arrive qu'avec elle.

Je suis allé la voir dans sa chambre, il faisait très froid & le métro bondé m'avait mit de mauvaise humeur. Elle était à plat ventre, en train de ranger des livres sous son lit & elle s'est assise sur les genoux, m'a sourit.

Je l'ai trouvé très jolie & j'ai pu senti son amour dans mon cœur. La douce chaleur de son studio enrobait son sourire comme du chocolat fourré à la menthe.

J'ai oublié les soucis que je m'étais créés & je l'ai embrassé doucement, longtemps. J'ai rêvé que nous nous voyons pour la première fois: un autre garçon t'aborde avant moi & tu ne m'aurais pas remarqué t'épier à la dérobée.

Durant ces quelques jours, elle n'a pas quitté mon esprit. D'ailleurs c'est à cause d'elle que je suis parti. & c'est à cause d'elle que je sais déjà que je vais revenir. Ah! Comme je comprends pourquoi ce voyage n'est qu'une vulgaire péripétie! l'essentiel est évidemment ailleurs. Je voudrai tout raconter de notre histoire d'amour, encore que.... ai-je dit: amour?

Je ne me souviens plus de rien. Peut-être que plus tard, de temps en temps, me rappellerai-je un détail? je le dois: rien n'aurai plus de sens si je ne parvenais pas à m'expliquer ce qui m'est arrivé avec cette fille. Cet instant où elle s'intéressa à moi? peu à peu oubliant les autres (ceux de son passé).

Etre avec toi au quotidien, partager nos vies à chaque instant. Je t'aime plus que tout; plus que ces amours qui me consolent amèrement de toi.

We're so strong together! your heart is all I desire ; your love while last through the years. You give me the real thing. I will come back and hope you're free anew. With your past, your loves, and mine, we will be back together. Your the goal and the home of my life

Je serai ton enfant prodige, je te rêve! embrasse-moi….
- Mais il y a du monde.
Quand je te dis que tu ne t'impliques pas!
- Je pars en week-end, je me reposerai mieux sans toi, sans ta vie de vagabond.

& ces adieux déchirants, là n'en déchirèrent qu'un seul.

Il avait compris qu'il l'avait perdue. Nul ne pouvait se douter que c'était sa femme….

Je veux que tu restes plus que l'illusion d'une promesse. Que m'importe si tu pleures, l'essentiel…. Tu ne verras plus l'intérêt de me revoir & tu me diras adieu. Je serai à nouveau seul sans mirage pour me guider. Pas de balises, pas d'horizon à découvrir, tu es le totem qui amarre ma vie d'aventure.

Lorsque tu auras totalement recouvert ton lit de la moustiquaire. Quand tu auras refusé à tout jamais de te refaire piquer par le moustique, quand tu ne voudra plus donner de ton sang, tu seras enseveli sous ton époux.

What have u done, and u won't juste be gone. Hope u have fun for a day, the road is long.... je suis venu en pensant à toi, c'est émouvant de te retrouver brusquement. Tout le passé ressurgit à ta vue, tes yeux & ta voix. There' s no place i d like to be else than with you. I love you, don't you forget me no one gives me more pleasure.

-Tu peux venir avec moi & mes amis?
ça me ferait très plaisir!

Un vieil ami....

J'ai honte de mon année. Je n'ai rien fait, rien entrepris. Je me suis caché sous l'excuse de l'écriture, mais je n'écrivant plus un mot depuis bien longtemps. Revenu de mon idéal du voyageur, enfermé à Paris pour surveiller ma possession. Ève qui me faisait si mal au cœur. Je l'aimais, mais aujourd'hui, j'ai enfin admis qu'elle vive sans moi. & je pars, je suis passé juste avant de partir, peut-être pour toujours, peut-être pour un fugue pitoyable de deux jours. Peut-être pour toujours, alors j'ai pensé par hasard, ça ne coûtait rien de savoir où je pourrais te trouver. Pour te voir, te parler & apprendre ce que tu as fait.

Ève parle :
- L'année prochaine, je veux avoir mon diplôme & être la meilleure, je dois travailler & étudier sérieusement. Ce sera toujours comme aujourd'hui, tu dois comprendre & accepter que nous ne nous voyions pas tous les jours. Je préfère rester un an sans copain plutôt que revivre comme cette année avec toi. Je tiens beaucoup à toi.

Ok, ce n'est pas assez pour moi, je m'en vais enfin en sachant que c'est aussi ce que tu veux. Si nous devons nous quitter? que ce soit longuement, pour que nous y emplissions les dernières images de notre souvenir. Tout recevoir d'elle jusqu'à la dernière goutte amère de la fin. & encore, que cette fin dure… le début de l'éternité.

L'écouter, la regarder, la toucher si intensément que je sois rempli d'elle pour toujours. Que le dernier contact soit celui d'un long baiser plein. Une seconde de regard lorsque nos lèvres se séparent.

Aime moi longtemps & garde un coin pour m'accueillir un jour peut-être. Ne m'oublie pas, car je ne t'oublierai jamais. Pourquoi penses tu que cela n'a plus d'importance?

Tu m'as dit que c'était le cours des choses, maintenant.

Te rends tu compte que chaque jour, tu sera seul! Ève ne sera plus là pour toi, tu seras si loin d'elle. En fait, saches que tu ne la reverras jamais. Jamais….

Je ne m'en empêche pas, je sais que dans un mois, je m'enfuirai. & ce jour, je penserai à elle. Comme je vais penser longtemps à elle. Je vais tant pleurer son absence, mais.... cela devait être, comme elle l'a dit & annoncé. Quitter le confort que j'aime plus que tout.

Intégrer les souvenirs à la vie.

La solitude effraie une âme de vingt ans. J'étais effrayé par l'exaltation malsaine de celui qui affirme sans douter qu'il aime. Je voulais alors sincèrement ressembler à cet idéal romantique du solitaire comblé & insouciant.

Aujourd'hui, je suis encore marqué par cette hantise de la société bâtie autour des vertus de la classe moyenne & je cultive mon besoin de m'extirper de la masse. Il me faut refuser aussi la revendication stérile, la provocation primaire pour retrouver l'unicité de la personnalité, l'anonymat de la méditation créatrice.

L'amertume & l'ennui, faux-contacts de ma chaleur humaine. Ce soir-là était empreint d'une mélancolie, pourtant habituelle à présent & je me voyais acculé au dos de la société des hommes. Cet état m'avais longtemps poussé vers la fuite dans la solitude & j'aimais l'incertitude de l'isolement, règne de l'innocence & de la vie libérée.

Mais je ressentais le besoin de retrouver la compagnie d'une âme, d'un alter ego. Construire les chimères d'où naissent les fantaisies de l'imagination. Fuir grâce à la puissance de l'esprit la nature matérielle & utilitaire. Comprendre à deux le sens du monde.

Un élan irraisonné l'avait introduit dans le cours de mes pensées & je saisissais le merveilleux de la situation. L'improbable espoir de retrouver le secret de son regard. De nombreuses espérances encore gardées dans un coin de cœur ressurgissaient d'un passé si proche, si reculé. La fraîcheur de sa peau.

La douce fuite pour mieux jouir de soi fait brusquement apparaître la futilité des contraintes de la société, de l'agitation des hommes. Bannir au seuil du rêve les égarements de la frénésie de l'existence sociale, pour recueillir l'essence de la vie. La vraie vie est le fruit des passions de l'esprit créateur & débridé, qui se retrouve dans le dénuement de l'isolement.

La vie est sincère & unique.

L'un de nous deux est en retard.

La nécessité presque vitale de cette rencontre m'était apparue brusquement. Je ressentais un besoin de comprendre ma mélancolie lorsque la solitude s'imposait sans que j'en éprouve l'envie. Souvent, je recherchais un certain isolement pour m'affranchir des contraintes de la vie en société. Se recueillir sur sa propre tombe, considérer avec recul son passé en rapport avec les folles chimères de l'espoir. Rappeler ce qui fut & ce que l'on souhaiterait qu'il soit afin de construire sa vie dans un présent magnifié.

S'èvader dans l'imaginère, se protéger par le rêve de l'agitation des hommes. Par ce rapprochement physique, c'était la fusion de nos esprits que je souhaitais, la quête d'une adéquation des pensées autant que des corps & ainsi tomber dans la douceur d'une merveilleusecomplicité mutuelle.

Car la confiance naît à cet instant & dévoile les êtres sans avoir à les expliquer: elle permet de rejeter le mythe de la *maison de verre* où tout le monde sait tout sur tout le monde; elle instaure le flou de la mise en commun de nos imaginations. Deviner l'autre comme soi-même, comprendre à deux le sens d'une vie.

Emerveillé par l'extraordinaire hasard qui nous avait rapprochés pour un temps, je ne pensais plus qu'à elle, n'imaginant même pas qu'elle puisse me laisser tomber. Mais rapidement je m'inquiétais & sans même attendre qu'elle me rejoigne, je partis à sa recherche, comme on suit une vision que l'on a entraperçut & qui s'est dérobée gracieusement à votre emprise. Je fis un long tour qui me ramena au Lutetia en une dizaine de minutes; je demeurais résigné, appuyé contre le lampadaire, me maudissant de ces espoirs que je me fabriquais & qui se volatilisaient dès que la réalité s'en mêlait.

Je la vis, détournant mon regard pour ne pas la voir s'approcher. Cette attente, alors qu'à présent elle se présentait à mes yeux & j'ai préféré sourire dans le vide à une chance revenue. Avoir de la chance, c'est savoir utiliser le hasard. Ce soir, je dansais délicieusement avec le hasard.

Feignant la surprise, je me retournais avec un sourire qui se voulait énigmatique. Qui sait si c'était raté. Elle était resplendissante, plus fine & charmante que dans mes souvenirs. Je restais un moment surpris, mais étonné du trouble qu'elle éveillait dans mon pauvre cœur. Décidément, je ne savais comment la remercier de son existence.

Avant de m'en être rendu pleinement compte, en amour, l'adoption se conquiert parfois au travers de tels expédients, tentant de s'imposer & de forcer l'être désiré dans ses sentiments.

Je rêve d'un amour mutuellement ressenti & qui s'imposerait de lui-même dans un même élan, sans avoir recours aux artifices de la séduction Piège trop beau pour être faux, peut-être, mais factice car fabriqué; bref, conventionnel.

Je ne fais rien la journée est noyée par la télé. Je ne regarde rien & je change continuellement de chaîne parce que rien ne m'intéresse. La journée est noyée par la télévision. Je regarde & je change continuellement de chaîne parce que rien ne m'intéresse.

Je suis enfoncé dans un long fauteuil qui bascule en arrière & d'heure en heure, le cuir tiédit & se mouille de ma sueur. Je suis incapable de fixer mon attention.

Dehors, des minutes de soleil s'écoulent avec la joyeuse insouciance des vacances. En bas des marches, je me fossilise dans le cuir tiède qui se mouille de ma sueur. Je suis incapable de me lever.

Pourtant dehors, chaque minute de soleil appelle à la joie des vacances. Je suis reclus loin du grand air insouciant, en bas des marches, tout en bas, dans le sous-sol où je regarde la télé, l'éclairage cru des lampes au plafond fige le temps.

Les heures du jour & de la nuit sont segmentées en tranches d'émissions. La vie se réduit aux grilles horaires du magazine TV. L'éclairage cru des lampes au plafond fige le temps. Les heures du jour & de la nuit sont segmentées en tranches d'émissions.

Mon existence ne s'écoule plus, dans le sous-sol où je regarde la télé. Ma seule occupation est de faire disparaître, émission après émission, le temps qui me sépare du sommeil qui m'absente à moi-même.

Je n'ai plus envie de vivre, juste de passer la journée. Brûler suffisamment mes yeux au tube cathodique pour être totalement fatigué le soir. Je ne vais me coucher que tard dans la nuit, rarement avant trois heures. Une journée a été tuée.

Je n'ai rien fait. Aujourd'hui est passé, la page du programme est tournée & vais consulter la grille horaire de demain.

Je n'ai rien fait de ce jour-ci encore ; ma vie entière donnerai l'impression de s'être écoulée égale à aujourd'hui, chaque instant un peu plus l'idéal fétide du suicidé: le vide du temps.

DEMAIN

Demain, je dois être détaché de tout & de tous. Je dois partir & n'aller nulle part: je dois éternellement me trouver à destination. Mon destin est le présent.

Demain, je suis disponible à la vie. Je veux pouvoir m'offrir le monde, rencontrer des vies & ne jamais penser aux conséquences. Je veux tout voir, car j'abhorre la réalité. Les autres:

- mais où vas-tu dormir? tu sais où tu vas au moins? tu connais quelqu'un là-bas? tu as une voiture? tu as de l'argent?
- il faut que tu trouves de l'argent; il faut que tu travailles; il faut que tu ailles à l'école; il faut....? Il faut que tu planifies ta vie!

Eux, ils savent ce qu'est la vraie vie. Ils savent ce que je dois faire. Mais je sais, moi, que je ne veux pas savoir ce qu'ils savent. Parce qu'il disent *tu ne connais rien à la vie*; mais eux sont malheureux.

A quoi sert de savoir ce qu'est la vie si c'est pour être malheureux? Je ne veux pas être frustré comme tous ceux qui me donnent tant de conseils.

Car vous êtes dans votre tort!

La vie est simple est belle; c'est aujourd'hui même.

Avoir une contenance. Je suis juste assez bizarre pour ne pas être normal comme chacun l'est. Je sais que je ne pourrai jamais être comme vous, alors je porterai ma vie sur mon visage, vous comprendrez....

Seuls ceux que j'aime auront le droit de me connaître.

CONTE DES 13 GRAINS NOIRS

Le diable arrive vêtu de noir
& offre du travail pour un gars,
qu'il occupera un jour de plus que l'année.

.... Trop tard: le voilà vendu au diable!
(celui-ci n'est ni un homme, ni un varan,
mais plutôt comme un oiseau.)

Pendant 366 jours
j'ai bigrement appris chez le diable
.... j'ai surtout appris à m'en défaire.
Ainsi, les cent écus ne durent pas un an;
Le diable revient pour la dette,
& transforme le gars qui devient un poulain
afin de lui être vendu....

Mais la veuve garde la bride du jeune étalon ;
L'animal se précipite dans l'eau,
en ressort transformé en deux poissons,
il fait le saut de l'ange:
le diable mange le poisson,
il n'en reste qu'un,
celui-ci se transforme en un pigeon
qui va se poser sur l'épaule de sa sœur.

"Attention ma sœur!" lui crie-il;
"car je suis l'anneau d'or à ton doigt....
ne me livre pas au diable!"

Ah le diable est embêté,
car il n'a pas le droit de prendre de force;

alors il prie de céder,
allumant la cupidité des hommes…
Sans réponse, excédé,
il ordonne : "prenez-le de vive force,
"c'est un ordre du père de la fille!"

L'anneau se transforme vivement
en 13 petites graines noires qui retombent par terre.
Le diable se transforme en coq
& croque 12 graines.
Du dernier grain pousse un renard;
& l'animal rouge de flamme étrangle le diable.

Enfin délivré, il trouva le trésor & nettoya les pièces.
Où trouver le maître mort il y a dix jours?
il visite la demeure,
prend un tiers du trésor
pour parer & farder sa femme
& tuer le gros agneau pour le banquet.

.... Mon destin est d'éprouver
toutes les formes de la création.
Trafic de piastres
une cuillère bricolée.
Une fois qu'on connaît l'usage, on forme l'objet
à coup de pierre.
Elle lançait des pommes & ils s'entre-tuaient.

Je veux apprendre ailleurs que dans des livres.
On peut se tromper, allonger le rythme,
s'arrêter ; rattraper la mesure.
Improviser dans un morceau de la grille.
Tout le contraire des orchestres de jazz symphonique.
Pas d'impros!… suivre le chef.
Mais je n'y connais rien....

Frapper les croches d'une mesure.
Au huitième temps, (je crois qu'il faut)
n'impulser que pour celle-là
& ne pas être gêné par le rythme de base.
Passer de 1/8 avant le 2ème temps,
ou à la quart....
juste chaque croche une par une
s'en dégage la mélodie particulière
en boucle, sur une mesure, deux ou quatre
sur huit mesures ou sur trente-deux.

(à ne rater sous aucun prétexte!)
La publicité exceptionnalise l'événement
(il reste des places)
le Théâtre ce soir est noir:
le spectacle est le texte & l'interprétation:
"public adoré! rassure-toi & suis les mots contés."

Nénuphar à la Monet, couleur artificielle,
de la toile rose des panneaux inondés
se soulèvent des bulles d'air gigantesques.
La fille frappe son ami
il fait mine de riposter
elle se met peureusement en garde,
les bras se touchent,
leurs mains s'agrippent.
Ils se tiennent puis s'embrassent: comme ils s'aiment!
ils sont sur les berges.

Consentez-vous aussi à rester morts?
Moi si.

& je me laisse emporter, indéfinissablement médiocre,
invisible derrière la muraille du régulier.
& je suis trop malheureux avec cette solitude
que je revendique par la force des choses.

Etre sociable,
c'est sourire à son voisin alors qu'on le méprise.

Oh!.... je rêvais à l'amour, c'était vrai, mais le bonheur est un riche mécène qui dispense ses bienfaits à ceux qui ont su lui faire la cour.

Cultiver l'ego de chacun *pour préserver le sien*
est comparable
à assembler un plat de coquillages;
faire d'un pauvre animal mort un vaste cendrier,
simple & conforme,
y déposer solennellement les cendres de la mémoire
du regretté défunt,
soi-même.
Illusoires & massifs piliers de l'existence!

Je vais me coucher,
laissant la vie voler au dessus de mon esprit,
affalé aux côtés de mon corps.

La chair s'est inclinée, résignée, entraînant les sens
& l'être. Je suis un autre,

j'observe profondément désolé, délibérément impuissant,
ma vie se gâcher.

Que je suis fier de ma déchéance! Je perds mon temps.... je veux dire que je glisse sur le temps que je me compose uniformément, mais à si long terme, très insensible à l'unicité de l'instant présent....

Or qui voudrait résister à la versatilité de l'instant?

Car la beauté du temps est en ce moment
éternellement renouvelée
& éternellement offerte aux autres hommes.

Personne ne sait en profiter
(& pourtant.... Dieu sait si l'homme aime profiter).

Mais je refuse de voir l'éphémère.
Je suis bien dans le vide.

J'ai peur de mon impuissance, peur du refus.

PREMIER JOUR

Je marche vers le nord-ouest de la ville
Dans le coin en haut à gauche de la carte
je me dirige au musée d'Art.
en direction de la grande perspective
qui mène au musée d'Art
Moderne.
Tout au long de l'avenue
au bout de l'aglomération

j'oublie les automobiles qui rentrent à la maison
du centre & se distribue dans la banlieue;

& je suis le mouvement -cinq ou six pm, la ville.

Au milieu de la chaussé,
je pose mes pas fatigués sur un
pitoyable bout de nature prétexte
& je regarde par terre
la terre meuble de la pelouse chauve
trepassée.

La terre glisse la boue éclabousse,
plus que des
touffes d'herbe dans un petit marècage.

Seulement, je ne sais
où je vais.
Je pensais terminer ma journée au musée,
il est fermé bien sûr

& je le savais.

Je comprends que j'ai fait exprès de m'aventurer à pied à l'extrémité de la ville. Je ne retournerai pas dormir à cette auberge au sud de Philadeplphie. Une urgence me pique, qui j'espère ne me quittera pas, ce besoin de marcher sur la route, n'importe la quelle, où qu'elle mène; où que j'aille plus avant, plus loin, ailleurs. Ne pas se retourner sur mes pas: ce que j'ai vu ne m'intéresse plus.

Ce soir, je m'assoie sur une marche du long gradin; la ville au pied du musée, je la découvre comme au cinéma dans le premier *Rocky*. Les rues parcourues en rond pendant deux jours & les immeubles qui grattent le ciel; la cîme des arbres, sur une place ou le long des avenues [leurs feuilles sont lustrées comme du caoutchouc].

Le soleil d'ici n'est plus fait pour eux, mais ils ne peuvent s'exiler. Le plus jeune de ces platanes, fraîchement planté, voudrait déja s'en aller. Il voudrait tant s'enfuir & ne peut qu'envier les hommes, méprisant ces êtres vivants qui, semble-t-il peuvent s'enfuir & n'y pensent même plus.

Peut-être certains d'entre eux en ont-ils eu envie?

Chaque soir, il voit les hommes partir ailleurs. Les hommes partent.... & c'est pour revenir le lendemain matin: si seulement il pouvait lui aussi se déplacer. Alors, il tournerai les racines au bitûme & s'enfuirai de part les chemins de terre. Il ne se retournerai jamais; toujours plus loin….

S'il pouvait marcher,
il se reposerai la nuit soufler son oxygène
pour remercier les hommes de l'avoir enchanté
en un arbre mobile.
Il se nourrirai chaque matin d'un autre sol,
des nourritures encore plus exotiques à venir.

Encore voyager demain!
Trouver les hautes terres du Tibet
où un quelconque lieu réchaufé
par la lave couvant sous l'écorce d'un glacier.

Traverser la rivière bouillante,
une fois franchies les vapeurs
ce brouillard de la zone de contact chaud-froid.

C'est la vie.
Un bébé [s'il naît dans un bidonvile, est perdu],
s'il nait au pied de la montagne:
il aura une brillante carrière.

Sur le flanc de la montagne, il voudrait bien grimper voir plus haut. La difficile escalade lui demandera bien du courage & de la persévérance; il le sait, il est plus important d'être curieux que savant.

L'intelligence n'est pas une qualité en-soi, seule son utilisation pourra en faire de la valeur. On a le droit de ne pas être content, mais sûrement pas de parler fort, d'être méchant.

Des couples se tiennent la main, des garçons & des filles sont amoureux & me le montrent. Je suis seul mais je n'ai besoin de rien voire de personne, je marche en avant mange une pomme, jette le trognon par dessus le muret au bord des marches: au-delà pousse un gros arbre noueux
dans l'indifférence des hommes.

Il s'en porte à merveille,
le gros arbre ridé qui ne sert à pas grand chose
dans un coin de cour en contre-bas,
là où personne ne peut le voir.

Je descends les escaliers en bondissant -mes pieds claquent rapidement sur le marbre, pa-ta-clac, pa-ta-clac & je retombe sur le trottoir en courant; traverse la rue sans regarder; me tourne vers l'Ouest. Je hais cette vision de l'autoroute à moitié sous terre, la tranchée qui gronde là & d'où s'évente une fumée poussiéreuse.

J'enjambe l'I-95 & tente de me repérer mentalement, car l'amont de cette furie puante m'indique ma destination.

Cependant, je n'irai pas par le tracé parfait qu'elle m'offre. Je marcherai direction l'Ouest. Je traverse West Phila, le quartier tant redouté des riches & ici, les noirs me regardent passer avec étonnement. Je suis tellement pressé de m'enfuir de la ville que je ne vois rien, ne distinguant ni les regards d'encouragement (où que j'aille: take care bro').

Ce soir, je vais dormir dans une maison à Chamonix, une auberge de jeunesse dans les bois sur l'autre rive d'après le dépliant; & le bus 124 y mène. Ensuite, il faut marcher one mile; je demande au conducteur de me prévenir à l'arrêt. Soulagé, je regarde les immeubles qui s'éclaircissent, puis les pelouses manucurée des suburbs éclatantes de propreté.

Tantôt, quand je suis monté dans le bus, il y avait une femme handicapée, qui fouillait avec peine dans son porte-monnaie. De ses deux doigts, elle attrapait les pièces une par une & gardait le compte mentalement. Les pièces tombaient, roulaient par terre, certains la regardaient mais n'osaient l'aider car "elle peut y arriver comme une grande."

Mais elle le sait, qu'elle est infirme, qu'elle a des moignons de cuisses gros comme mon bras, elle le sait qu'elle n'a que cinq doigts en tout! & elle sait aussi qu'elle ne peut que serrer sa cuillère entre ses deux coudes, qu'elle ne peut pas y arriver toute seule!

Elle veut qu'on l'aide gentiment, comme on aiderait une femme normale avec un bras dans le plâtre. Je suis le seul à lui sourire & mes yeux lui demandent poliment si je peux lui être utile. Elle me tend sa bourse & je prends cinq quarters que je vais porter jusqu'à l'avant en disant au conducteur "this is from the lady in the wheelchair."

Puis je reviens au gré des secousses & des bousculades. Elle me dit thank you & je regarde ses yeux globuleux & atrocement indépendants: ils sont d'un beau bleu, que l'on devine derrière de laides lunettes en plastique. L'opticien a dû penser qu'elle n'a pas besoin de belles lunettes; qu'elle n'a pas besoin d'être belle.

Avec son sourire tordu qui bave, elle me sourit.

Le voyage continue, le bus s'éloigne des grandes rues, fait un détour le long d'un grand parc. Des joggeurs courent en shorts fluorescents & vérifient leur montre d'une leste flexion du poignet. Ils suent le bon exercise qui garde la forme; mon amie dans son fauteuil ne les regarde plus depuis longtemps. Enfant elle a rêvé à la première course qu'elle ferait, dès que ses jambes pousseront, dès qu'elle grandira.

Maintenant elle a trente ans & elle a compris.

Elle croise ces gens gens qui ne la voient pas, mais l'observent sous cape; ces gens qui s'apitoient, la regardent avec dégoût. Peu lui sourient simplement & les enfants la montrent du doigt. Les mamans punissent leur gosses car c'est impoli; ils s'étonnent, demandent ce qu'elle a, ils sont curieux & la maman leur ordonne de ne pas regarder. Ils obéissent en rigolant car ont peur de ce qui est différent. On ne leur a rien expliqué.

Le bus s'arrète & le conducteur descend.

Il appuie sur un bouton jaune tout en surveillant la manœuvre. Le véhicule se dégonfle à droite & commence étrangement à pencher. Le grand noir la connaît bien, la femme dans son fauteuil & relève les banquettes pour qu'elle puisse maneuvrer sa sortie le plus discrètement possible. Elle met beaucoup de temps à se dégager, tourne sa manettes dans tous les sens, énervée & affolée de géner les passagers.

Son fauteuil électrique n'en peut plus, il patine en marche avant & en marche arrière, il ne tourne plus -se cogne obstinément. Mais personne ne s'en soucie, car il serait indécent d'en vouloir à une pauvre grabataire: donc on ne la voit pas, on regarde le feux au coin qui change régulièrement de couleur.

Je n'en peux plus de lui demander gentiment de l'aider, mais elle répond en rougissant qu'elle y est presque. Pourtant, je vois bien depuis deux minutes que la poignée de sa chaise s'est coincée. Je n'en peux décidément pas de tous ces gens qui attendent là, avec une patience feinte, qu'enfin elle se casse.

Je me lève & avec l'aide du conducteur, on soulève sa chaise -on la pose au bord de la porte arrière. Puis elle descend lentement jusqu'au trottoir. Les portes se referment, les passagers soupirent en rigolant entre eux.

Je regarde le fauteuil rouler un peu.

Plus tard, le bus me laisse au coin. Où suis-je? je m'assieds sur le doux gazon d'un bureau d'avocats. Leurs noms sont gravés sur un bout d'écorce verni qui se balance entre deux poteaux, joliment rustique.

J'ai beau retourner la petite carte dessinée la main levée au dos du prospectus, je ne trouve pas le pont qui y est indiqué. Je continue tout droit. Je passe enfin sous ce pont qui suinte la bonne fraîcheur, dessous, il fait sombre & beau. Le jour décline & je reste une minute à regarder les pierres qui brillent à la voûte.

Mon gîte est indiqué, je tourne à gaughe après le pont & je dois aller jusqu'au bout de la route. C'est une large départementale, sans une seule voiture à son bord & que le plan annonce se terminer en un beau cul-de-sac: je guette avec impatience le rond-point & je marche.

De l'autre bord de la route, un homme m'appelle de loin, je m'approche intrigué. Ils sont attablés sur une table de pique-nique, une large table en bois massif, peinte en marron qui s'écaille & avec deux longs bancs de chaque côté. C'est une table publique, posée à son poste au bord de la route & prête à tout moment à être dressée.

L'homme mange avec sa compagne, font griller des saucisses sur des braises dans un plat en aluminium. Il me font asseoir d'un grand geste amical. L'homme sourie, m'ouvre une cannette, me prépare un hot-dog & me demande si je veux du ketchup ou de la moutarde.

Je mange heureux, leur raconte ma journée. Je mange un deuxième hot-dog, je refuse une bière & un troisième hot-dog, je me lève car je dois arriver à l'auberge avant la nuit si je veux trouver une chambre. Je m'assure que je n'ai rien à payer. "It's my treat; take care man." Je m'éloigne très surpris: j'ai dîné sans rien payer! je me ratrape sur hier....

Je vérifiais soigneusement mon itinéraire, bien qu'il n'y ait que la route principale & l'auberge était au bout de la route, dans le cul-de-sac qui se perd dans le bois assombri. Je croise enfin une petite pancarte qui me rassure enfin complètement: j'y suis tout de suite.

En effet, la route se terminait par une boucle en forme de goutte qui pointait son territoire vers moi en signe d'abri - essayons donc cet asile. Je suivais la route à droite & dans l'allée où des voitures étaient parquées, j'y voyais des enfants qui s'amusaient au ballon. Ils étaient nombreux & des adultes discutaient à côté d'eux, des groupes de jeunes assis sur le bord du trottoir. Ils étaient tous noirs, il n'y avait pas un seul blanc.

Tous trahissaient certes l'étonnement de me voir arriver parmi eux, mais me regardaient en souriant. A l'intérieur du bâtiment, j'allais prendre un lit quand j'appris que toutes les chambres étaient réservé par le groupe que j'avais vu à l'extérieur. -No room at all.

Donc je ne pouvais rester. Je ne savais qu'en penser, car le fait de n'avoir plus d'abri pour ce soir ne m'impressionnait pas. Jusqu'à la dernière minute où je serai encore éveillé ce soir, j'attendrai un hasard pour la suite.

— Tenir la fille qu'il faut dans mes bras lorsque sa peau provoque une interférence électrique avec la mienne? —

Une telle èvaporation laisse un goût bien amer.
L'homme a été soudainement comblé,
il peut enfin mourir
& meurt dans une braise de bonheur.

Mais mon imagination ne sera plus jamais assez libre pour retrouver la révélation qui m'a été faite.

Essayons....

L'après-midi même nous nous sommes vu chez elle. Je savais que j'allais la quitter.

Depuis dimanche dernier, je suis déjà prêt. Moi, je n'ai pas d'amis.... boire, rire & s'amuser avec d'autres, comme elle. Nous sommes à nouveau dans le grand marché de l'amour, à la fois demandeur & convoité; nous retournons au cycle & à l'ouragan des rencontres d'un jour & des séductions d'une nuit; aux liaisons d'un mois & aux amours d'été. Me voilà sans rien. (Oublie-moi, parce que moi, je ne t'oublierai pas). Je n'arrive pas à le croire, mais nous nous sommes quitté. Tous les hommes réussissent à vivre. Je trouverai tous les jours une chose essentielle & qui s'èvaporera dans la nuit.

La quête reprend le lendemain.

Problème.

Il doit dans doute s'agir d'une d'attente d'un avenir usé par le rêve, ou de regrets de ce qui ne s'est pas passé.... Mais maintenant, je voudrais être aimé. Je veux comprendre l'amour qui germe & le partager tout entier.

J'ai besoin de découper les masques en carton
pour dévoiler la tendresse:
J'éblouis au risque d'être oublié.
Je veux pouvoir convaincre
de ma sincérité.
Mais peut-être que l'amour se forge
par l'invisible?

Or l'écriture supprime ce mystère....
& gâche mon sentiment vrai
par des mots artificiels qui ne peuvent jamais traduire
l'émotion pure qui s'empare de moi.
Comme il est terrible de se révéler
dans l'indécence trop exhibitionniste
à force d'être ignorée.

& je voudrais
tout offrir immédiatement.
Sinistre utopie...
Peut-être bien que vouloir
se faire aimer pour soi est impossible....
est-ce que l'amour serait alors de deviner l'autre
& de projeter sur lui ses propres idéaux?
& donc rester caché.
Pour mieux exciter la curiosité.
Pour provoquer le destin qui sommeille?

Sans doute....
que la beauté intérieure
est faite pour le rester.
En désirant se montrer,
elle se trahit:
Sa modestie devient médiocrité;
son authenticité, façade.

La vie n'est plus que le double du spectacle. Ce qui se passe dans la coulisse est tellement plus important que le scintillant décor de la scène.

Solution.

Il faut se cacher : j'ai peur des amours impossibles qui nous unissent.

DANS L'HERBE VERTE & MOUILLÉE DU SUD

(d'insaisissables arcanes)

Cet après-midi, j'ai rêvé d'elle. J'ai déjà oublié bien des détails, mais je me suis promis de ne plus en manquer un de plus.

Ah, comme je voudrais tant, mot après mot,
trouver un peu de ce ressouvenir....
La fenêtre est ouverte; je suffoque dans une pièce.
La nuit est un carré noir,
inétoilé & chaud.... cette nuit est si lourde;
la peau poisseuse, je suis torse nu, mon pantalon colle
& m'oppresse.

Le sourire d'une herboriste est effrayant,
je n'aurais jamais dû accepter de venir avec elle ce soir
à cette soirée.
La peau me chauffe, ma tête est brûlante, je me frotte la nuque
& mes doigts sont visqueux.

J'observe son regard qui balaie mollement le triste horizon,
elle semble glisser d'une image à l'autre
sans jamais se poser.
Je crois qu'elle voit des couleurs.

Alors, elle se lève & lentement,
plante ses pieds sur la moquette bruyante.
Chaque pas est posé,
elle s'aide de ses mains, elle les applique le long du mur
qui la guide vers le balcon.
Dehors, elle pousse un soupir soulagé,
s'enivre d'une brise infime qui lui rafraîchit les yeux.

Je l'ai suivi à ses côtés, mais le vent que j'attends à mon tour ne me touche pas. J'observe inquiet cette herboriste qui inspire profondément la nuit pour en emplir ses envies.

Je sens son engourdissement
fondre dans un bouillonnement
inquiétant.

A ses pieds, la rue scintille après la pluie.
Des gens passent sous la lumière d'un réverbéré;
elle apostrophe ces hommes.
Ils sont vite excités par sa transe aguichante,
& son ardeur bande à la vue du public installé au spectacle,
elle est ravie,
& je suis adossé à la fenêtre,
désemparé & désespéré,
amoureux.

Je voudrais partir, pleurer, mais je reste
interdit tandis qu'elle enjambe le bord du balcon,
tendant son bras pour atteindre les bravos & les sifflets de la rue. J'essaye de la ramener à moi,
& elle me repousse d'un air excédé....

Je l'empêche de s'amuser.

Cet abandon d'elle-même m'est obscène,

& je m'enfuis en pleurant de rage, les poings serrés, mes ongles s'enfichent dans mes paumes en sueur, je sens cette boule affreuse dans mes tripes.

Je force ma respiration pour me calmer.

Je pleure la tête baissée,
en contemplant mes foulées nerveuses & allongées.

J'enfonce les pieds très loin devant,
& je contemple le sol humide fuir à contre-sens.

L'herbe se froisse sous mon poids, trace des filaments bleus qui foncent sur moi & s'échappent dans mon dos.

Je garde en tête la dernière vision
que j'avais eu le courage de lui arracher.
Son image,
c'est tellement douloureux, revient récurrente,
je me ressers avec délectation le plat glacé de mon malheur:
alors que j'avais franchit résolument le pas du balcon,
je m'étais lâchement retourné,
pour la regarder,
& j'ai vu sa silhouette démente
au travers de la fenêtre.

Les bulles au creux de ces vitres anciennes en déformaient ses contours & bientôt, elle se confondit avec les reflets blancs de la pièce trop chaude.

Eurydice disparaissant dans les ténèbres d'un miroir noir lorsque Orphée brise sa promesse.
Epouvantable & trop réelle hallucination,
elle saute les pieds joints sur le rebord,
elle secoue la tête les yeux fermés & ses cheveux courts
se gonflent de vie,
éclatent sous la demi-lune.
Le rebord est si étroit,
je suis impuissant & je prie pour que,
même contre son gré,
ce fantôme reste suspendue à la vie.
Orphée n'y est pour rien,
car c'est Eurydice qui s'est piquée du serpent.

°

Je me retrouve ensuite dans un vaste parc,
mais je reconnais le chemin.
Ca y est,
j'ai tout à fait quitté l'herboriste,

& je me dirige vers une maison de campagne au toit ocre
-de nombreuses petites lampes
brillent devant moi.
Il fait froid, le ciel de l'aube est gris,
& ces points de lumière y diffusent
un halo jaune accueillant.

L'aurore succède peu à peu à la bonne heure maussade,
mais l'herbe qui fuit vers moi est inondée.
Je dois traverser une nappe d'eau verte
trouée par un sillon de pierres
comme un dallage espacé
à parcourir mécaniquement.

Je connais les obstacles, je les détourne,
passe devant mes amis, n'en reconnais pas un seul,
mais il se mettent à sourire, ils savent ce qui s'est passé,
il se moquent de mon dépit.

Je ne suis pas comme eux.
Puis je pousse une porte, disparaissant
derrière l'entrebâillement, enfin séparé des autres.

Je veux oublier l'obscurité. "Au bout d'un moment, il oublia de penser à son herboriste & finalement s'endormit".

Quelqu'un dans ma chambre récite le dernier paragraphe des *dix petits Indiens* d'Agatha Christie :

"Au matin, le vent soufflait fort & les vagues déferlaient de très haut sur la plage & il resta longtemps éveillé avant de se rappeler qu'il avait le cœur brisé".

La fille qui me susurrait ce texte à l'oreille
se redresse lorsque qu'enfin je l'aperçois,
elle est ravissante & douce,
de long cheveux blonds palment ses épaules.
Une innocente ingénue?

Sa voix mielleuse m'avait fait sursauté....

Coup de regard après coup de regard,
elle me révèle
la cruauté de son esprit persuasif.
Elle se présente. Téra,
c'est un nom monstrueux,
signifiant la multiplication par un million de million.
Une hydre à mille milliards de têtes;
plusieurs milliers de tentations renaissent
lorsque l'on en coupe une.

Ce nom est le fruit impie du cauchemar,
fruit instantané,
& si naturel,
de l'inconscient tourmenté par la peur.

C'est moi qui t'ai décrété tentation,
Ô Téra,
& de ce fait, je me suis autorisé
à te succomber.

Elle se sent inspirée,
veut faire impression & presser mon esprit.
Alors, elle me prend par la main & m'entraîne
vers un groupe qui remonte
un long sentier poussiéreux
en dansant
sur une mélopée intolérante.
C'est dans ce cortège mystique
que je pense avoir tué ma défiance.

Les processionnaires
sont drapés dans des vêtements beiges & légers
qui se déversent
dans un fin bruissement fanatique.

Leurs mains exaltées
tracent des écharpes translucides.
Tous ces jeunes semblent se baigner
dans les vapeurs du brouillard
qui coule au ras du sol ouateux,
& je remarque que l'abord du chemin
est bleu & mouillé.
C'est la même herbe qui me faisait fuir
avant que je ne rencontre mon monstre aux cheveux jaunes.

Téra serre contre son giron
la besace faite d'une étoffe grossière
& la fouille longuement,
de plus en plus nerveuse.
Je sens ses doigts se crisper contre le fond de toile nue;
mais enfin avec un cri de joie
qui éclaire les yeux de ses amies,
elle brandit une poignée de bonbons rouges & mignons.

Leur distribution alentours est faite avec prodigalité,
dans la frénésie la plus invraisemblable.
Chacune semble si heureux de tenir son bonheur dans la main.

Brusquement,
elle se retourne vers moi,
les derniers comprimés dans son poing fermé.
Elle fait un petit bond jusqu'à moi.
Je suis arrêté par ses yeux qui m'enlacent
avec une excitation mal contenue,
tandis qu'elle fait danser ses bras langoureux
en souriant.
Tout son corps
cherche à ondoyer au fond de mon esprit.
Ses poignets piaffent
de toute leur lenteur,
me frôlent sensuellement,

& sa main se fixe en l'air
à quelques centimètres de ma bouche.
Elle plie ses doigts un par un
pour ensuite les écarter au maximum
& chatouiller mes lèvres.
Les petites boules
roulent au creux de sa paume moite
pour me séduire, ils me promettent un voyage à la carte,
coloré & chaud.

Je les fixe un moment,
Téra croit voir dans mon silence une hésitation,
& en riant, elle m'encourage suavement à les gober.
Mon regard remonte le long de son bras
jusqu'à son visage,
elle n'est plus avec moi,
& je fais voler les bonbons enrobés en giflant son bras fébrile.
Je suis étonné
de n'avoir même pas senti la tentation
que j'avais pourtant invitée à moi.

A ce geste incompréhensible,
ses doux yeux vert se révulsent,
ses pupilles indignées deviennent blanches
tandis qu'elle voit les petites gélules
qui flottent en l'air jusqu'aux abords du sentier,
dans l'herbe gorgée d'eau verte.
Là ils se posent avec délicatesse,
& parsèment le sol sombre & froid
de petites loupiottes écarlates.
Elles germent
& des petits champignons s'allument
en un arc de cercle cramoisi,
comme des lucioles fatigués qui se disperseraient par terre.
Elle me scrute avec dédain, *pov mec*,
puis éclate d'un rire froid.

Je me retourne
& j'aperçois mon herboriste qui remonte la pente
une dizaine de pas en arrière de moi.
Lorsqu'elle comprend que je la regarde,
elle s'accole à son homme
& l'embrasse en fermant doucement les yeux.
Elle me fait un sourire en enfonçant sa main
dans la poche du type.
Je me réveille en sursaut.

C'était un rêve,
un de ces rêves
qui combine les images de l'existence
pour créer un monde nouveau
qui ne dure pas longtemps dans l'aride réalité.
Mais parfois,
le rêve survit au dénouement inéluctable.

Il parvient alors à se maintenir
comme un éphémère au dessus de l'eau,
& pendant le jour qui l'attriste,
il caresse le bord de cette évidence.

Il a apprit à la nier.
(Ainsi, au réveil, le rêve est vivant,
cela ne fait aucun doute,
mais il accepte de sommeiller.)
Il se fait tout petit
tandis que nous nous débattons
dans l'illusion d'un monde actif qui prétend à la réalité.

Pendant tout ce temps,
le rêve n'interfère pas.
Il s'insinue dans l'esprit
comme un parasite vertueux,

s'imposant toutes les nuits
pour qu'un jour, enfin l'homme se réveille,
se convertisse aux délices des miracles
& invoque la puissance de l'imaginaire salvateur.

Cette vision me fut suggérée
le matin qui semble précéder la vie.
Le premier jour de la semaine,
consacré au repos & à l'amour.

Mon amour est l'origine du rêve,
& le rêve me ramène à lui.

Tout est vrai.

- Vous allez à Amsterdam?

....

{ - Oui

Je monte dans le car. Lorsqu'elle comprend que je vais la suivre, elle enfouit sa tête dans ses mains. Je croyais qu'elle m'aimait; je n'imaginais pas cela. Ou plutôt je le savais trop bien, depuis le début je savais; & je me mentais.

Je me laisse tristement glisser dans le siège à côté d'Ève qui m'ignore. Je m'endors en pleurant mon rêve.

Un décor médiéval, ambiance froide & sale. Sur les murs grisâtres (qui s'effritent & s'empoussièrent sous les ongles), des torches enflammées. Elles éclairent le centre de la grande salle, là où une table en gros chêne est disposée. Ève est à la gauche du prince, ils rient. Les autres convives sont attablés plus loin, à la limite de la zone chauffée, juste avant de sombres arcades. Je voudrais aller parler à Ève.

Je suis loin d'elle, dans la cour carrée. C'est comme un vaste vestibule à ciel ouvert, comblé en son centre d'un bâtiment massif de couleur sablée (est-ce de la pierre de taille?) Une promenade couverte ceinture la place & une allée étroite bordée de petits arbrisseaux conduit au bâtiment central. C'est de là que nous ressortons: je crois maintenant que les murs sont en argile (la terre a été tapotée avec la paume des travailleurs).

Notre tenue moderne est indécente. J'aperçois des oripeaux gonfler sous le vent & j'entends les trompettes alignées vers le ciel qui sonnent pour le roi. Deux haies de soldats minéraux sont figées au bord de la cour. Elles attendent alignées, sans respirer, le déroulement de la suite royale.

Mais ce roi se dirige jusqu'à Ève!

Notre guide apeuré nous supplie de ressortir; pour nous cacher, si le roi nous voyait....! pourtant, il sait que j'y vais & il est paniqué. Ses sourcils gémissent & tout en pleurant de frayeur, il soulève une lourde tenture vermeille: je vous en prie, suivez-moi à travers les appartements de notre prince: ils donnent directement devant la salle à manger.

Mais je me suis déjà engouffré à la suite du cortège, de ce dos royal couvert d'une belle cape brodée. Mes trois compagnons me suivent en s'échangeant un bref regard, mais je marche plus vite qu'eux & plus vite que le roi. Ses talons martèlent avec assurance les larges pavés de granit, puis je le double sans accélérer.

Ceux qui m'accompagnaient ont jugé plus sage de rester derrière.... Je sens le regard du roi stupéfait. (Ainsi, je continue comme un enfant qui traverse une rue sans tourner la tête: il a entendu la voiture se rapprocher de lui, mais il défie le temps & l'espace. Il s'interdit de vérifier la distance qui le sépare de l'engin motorisé. Il a peur, mais il ne veut pas que la voiture pense qu’il se dépêche; il se veut imperturbable, pourtant il va un peu plus vite.)

Je m'assoie sans hésiter à la table du prince, en face d'Ève; & je la regarde: elle m'a reconnu & s'est troublée. Le prince tente courtoisement d'engager la conversation, je ne sais même pas si je l'entends, je fixe Ève qui baisse les yeux. Elle voulait se séparer de moi, me tenir à l'écart & maintenant qu'elle me voit encore à côté, elle ne sait comment me le dire, ni même si elle veut me le dire.

.. ..

Mon rêve se rendort un temps sur la désespérante vérité. Il se trouble & tente de me soutirer une suite brouillonne qui ne me mène nulle part.

Enfin je revois Ève plus tard: dans une boutique, elle parle avec une fille: dès que celle ci s'en va, je pousse la porte. Je laisse ma vue se poser sur rien avec assez de nonchalance pour permettre à Ève de me remarquer. Ainsi, je lui laisse le temps; & longtemps, je feints de m'intéresser à quelque chose, je touche tout en déambulant la tête vide. C'est intenable!

Trop précipitamment, je n'en peux plus de *ne pas faire attention* à elle. Je jette un rapide coup d'œil: elle ne m'avait pas encore vue.... & c'est seulement à ce moment qu'elle daigne porter son regard sur moi!

Nos désirs se croisent, je m'approche, la commerçante s'avance à droite. Celle-ci a l'air étrange, mais j'apprends à la connaître & elle m'est vite sympathique. Dans sa papeterie, la vielle vend des écharpes en papier orange; elle les découpe dans une machine rutilante de chrome. Le soleil matinal envoie ses reflets blancs qui dansent & s'écoulent suivant les bosses du mur.

Lorsqu'on vient lui demander une écharpe, la commerçante rentre un rouleau de papier crépon par la fente du haut, puis fait balancer l'interrupteur émoussé. Le papier se déroule par saccades, dans un bruit sourd de rotative. Les écharpes tombent attachées les unes aux autres tout de leur long (les bords sont des franges de laine entortillée), comme une ribambelle de papiers à cigarette prêtes à consommer. J'aurais cru que la machine les fabriquait dans l'autre sens: qu'est-ce que je pouvais en savoir?

Je remarque que les longues bandes ont un pli en leur milieu, ce qui donne au flot de papier vomit par la machine une démarche de vagues sinueuses comme un zed qu'on étire; & qui se détend sous la force des replis.

Ce qui donne comme un paquet de feuilles à rouler, ou plutôt un papier à musique qui se dépose dans le panier à la droite de l'homme à l'harmonium. Il tourne la manivelle & les tuyaux chantent pour lui. Sa musique change souvent, en fonction des nuages & de sa propre humeur: le même air -le même vent- devient tour à tour mélancolique ou enjoué, le musicien tourne la manivelle & la musique est crachée sur le papier qui se dépose.

Est-ce le papier qui a dicté la musique, ou les tuyaux qui ont retranscrit leur propre sensibilité? (car ils ressentent des émotions soufflées). Or souffler n'est pas jouer; & l'homme s'en fiche.... il sourit avec sa barbiche blonde, tourne la manivelle & caresse le matou dans sa corbeille.... Jusqu'à la fin du morceau, lorsque l'instrument guillotine trop tôt l'ultime page.

Avez-vous aussi remarqué comme le papier est perforé d'innombrables petits carrés de sons? Eh bien! c'est pareil: les bord des écharpes n'ont pas de lignes translucides qui s'auto-collent; elles sont rattachées par des pointillés, comme ceux des timbres.

On entend un bruit de mécanisme qui roule à vide. Il n'y a plus assez de papier & la dernière bande est ratée: elle est trop étroite & puis le pli du milieu n'est plus au milieu. La papetière la déchire suivant les ergots en forme de vé renversé & me l'offre (c'est invendable).

Pendant ce temps, Ève fouille avec désinvolture les étagères du fond. Elle est émoustillée par des mouchoirs blancs qu'elle a trouvé disposés en losange. Je lui explique que c'est du papier de cuisine; car vois-tu, des ombres révèlent un dessin en relief sur le carré ouateux....

Elle est assise sur une table, m'enlace dans ses bras & m'agrippe avec ses jambes. Elle m'embrasse & me dit qu'elle m'aime.

Je ne la crois pas tout à fait.}

•

- Est-ce que Ève rentre à Paris avant ton départ?
Non.
- Alors c'était vos adieux?
....
Maman, c'est ridicule ce que tu viens de dire.

Nous nous sommes dit au revoir sans nous quitter.

•

- Vous allez à Amsterdam?

....
Non, c'est le sac de mon amie.

Je la désigne du regard. Puis je comprends trop tard; si j'avais dit oui? Je sais qu'il m'aurait cru : bien sûr que j'y vais! pourquoi ai-je dit non? Je n'attends rien ici, je veux la suivre avec trois tickets en poche, je peux aller où je veux; monter dans le car, l'homme me la dit, il me laisserait monter.

Jamais je ne saurais danser avec le Hasard.

A peine formé, je l'ai èvaporé: il s'est enfui apeuré à cause de mes craintes, il s'est enfui avec sa merveilleuse progéniture de rêves. & celui-ci en était un qui avait su combiner les images de l'existence pour créer un monde nouveau....

Ève vient de changer de place pour être de mon côté. Elle est assise un mètre au-dessus de mes yeux & je caresse la sombre vitre contre laquelle elle a appuyé son visage souriant. Sa peau se réchauffe le long de mes deux doigts fébriles. Je sais qu'elle ne redescendra pas, je l'ai toujours su.

(Alors qu'elle s'apprêtait à monter dans le car, je m'étais frayé un chemin jusqu'à elle & l'avais chastement embrassé, sur les lèvres & au creux de son oreille. Elle m'avait dit: "de toute manière, je vais redescendre....")

Je devrais maintenant partir....

Je reste à regarder le vide: à l'avenir, dans cinq minutes, à onze heure, le car va s'enrouler loin & l'emmener.

Mais je ne sais pas partir....

Tout en levant mon regard sur elle, je la supplie de pleurer, mais elle fait semblant de ne pas m'entendre. Alors, je n'en peux plus de rester & je colle ma main contre la tôle toute blanche (& tiède.) Je ne sais pas quoi faire. Jamais je ne parviendrais à lisser cet instant insupportable.

Je m'éloigne d'un pas, un seul. Je veux me souvenir d'Ève, je lui tends mon bras & je lui présente ma paume. Elle me rend ce salut, dont elle n'a pas saisit l'importance. Je baisse les yeux, recule de trois autre pas & me détourne d'Ève.

: Je pense déjà à elle.

Elle me disait: "Je ne pense pas à toi; je suis avec toi". & moi, je pense à toi; je ne suis plus avec toi. Elle m'avait dit: "Je voudrais passer des vacances en pensant à toi le moins possible". Tandis que nous nous rendions compte tous deux que nous nous étions dit au revoir. Il vaut mieux parfois ne pas savoir.

Que nous nous étions quittés.
Que nous nous sommes quittés sans nous dire au revoir.

Il nous faut nous déshabituer l'un l'autre, nous déshabiter. Je n'ai plus le droit de garder toute à moi: je te libère. Tu as été à moi pendant longtemps & j'étais heureux. Mais on ne peut pas être en l'autre & ne pas être prisonnier de lui.

Ma perte est telle que je pleure sans arrêt.

Je t'aime toujours autant & aujourd'hui que je sais ce que j'abandonne.... j'en pleure de rage contre le destin qui a éloigné nos routes.

J'apprends l'amour, mais n'y ai rien compris, ni à ses différentes phases ; les mythes se mêlent à mes peurs, l'amour enfin, que l'on croyait impossible… & qui l'est.

L'amour pour de bon, ce n'est pas encore pour tout de suite: Il y a la route à parcourir avant, les pensées à fouiller, des chemins autonomes à ouvrir.

Je ne voulais la prendre au dépourvue, la mettre en face de la réalité abrupte. Juste qu'un jour, ce ne serait pas qu'un au revoir, mais qu'elle ne me verrait plus jamais, ce lendemain de la fin.

On a pourtant réussi à construire la suite de notre union, en inventer les désirs & les rencontres, ne pas terminer cette histoire, la vivre différemment.

Quand elle baignait ses yeux d'Amour & me voyait si heureux d'être avec elle. Qu'elle ne doute pas de moi & je ne l'oublierai pas. Vice-versa & ne pas verser dans le vice.

-Tu es malheureux

- j'ai faim

- ce n'est rien, voilà des dattes pour toi. J'ai besoin d'un employé.

- Je vous suis, maître.

Echappé belle de toutes celles pas faites pour moi. Mais je penserai toujours à l'erreur que j'ai commise, que nous avons commise & qui a précipité la fin. Ce n'était pas la bonne ou: qu'ai-je fait pour qu'elle ne fut pas la bonne.

La pire des blind-dates, soi-même.

Je suis comme un enfant qui découvre une histoire drôle & se la répète. Je veux te surveiller, veiller sur toi. Ne te trompes pas, ne m'oublie pas.

Ceux d'en bas s'enfoncent. Si l'on veut produire dans la société, y contribuer aveuglément, ce sont des chaînes imaginaires meilleures que des fers. Celui qui n'est pas aveugle. & pourtant, lui aussi tous les jours il s'habille, tous les soirs il se déshabille.

Des racines à deux pour nous enraciner. Il faudrait déployer ses fruits, au soleil, de grandes branches de vies. Je m'enfouis dans les racines & j'emporte ma femme avec moi, je nous suffoque pour ne pas me sentir seul. J'ai peur de sortir de terre, chaque pulsation m'éteint progressivement. C'est la vie, ou le fin mot de mort, soit une consciente soif de vie.

Mais j'ai la flemme de ne pas travailler; c'est sans doute par faiblesse & incapacité infantile de ne pas vouloir être responsable. De moi, de mes actes. Donc je ne peux rester à Paris. Je pense que notre séparation momentanée sera une rupture définitive. Mais je veux garder Ève dans le doute, que le temps passe.

Finalement, je le lui ai dit & regrette vite quelque part d'avoir été clair, parce que j'ai vu le mal que je lui ai fait. Seulement, c'était nécessaire & elle "n'attendait que je lui dise exactement comme ça". Elle ne m'en veut pas & c'est ce qui m'impressionne le plus chez elle, son courage.

Le vieux routier, old timer, sait dire qu'il a connu beaucoup de malheurs sans que l'on puisse s'en rendre compte & ainsi pour nous éviter de le plaindre. Seulement, à chaque fois qu'il dit cela, ses souvenirs lui mordent cruellement le cœur. Nous nous créons ces cicatrices sans pouvoir concevoir leur gravité.

Tu manqueras toujours. A toi.

Je vais avoir besoin de beaucoup de courage & encore autant pour chaque nouveau jour. Dernière amarre, je t'ai lâché à contrecœur. Le destin est de se trouver une seule occasion (dans la journée morcelée du soleil).

Je dois comprendre à nouveau la pauvreté.

Tu es arrivé sans rien à toi, pourquoi veux-tu que le monde te doive quoi que soit?

- Pourquoi ne me l'avoir dis que maintenant? Toutes ces fois où je t'ai demandé, tu m'as donc caché tes idées.... Tu m'as menti tous les jours jusqu'à aujourd'hui! (J'ai été beaucoup plus sincère que toi: je n'y pensais pas, je pleurais.)

Je savais, mais je ne m'y résolvais pas. Pas plus qu'aujourd'hui mais dorénavant, je sais. 21 mai 1994 - 30 mai 1995; fêter le premier jour en souvenir du jour où la liberté a pris son départ. Peut-être demain sera-t-il différent de tous ces jours avec Ève ; demain, je serai détaché.

J'avais longtemps pensé à ce jour, m'enfuyant, quittant Ève sans parvenir à la prévenir; en comptant sur la surprise pour marquer des points de cœur. J'ai enfin mûrit & ce jour, je l'ai commencé en pleurant comme un enfant qui se pose trop de question, parce qu'il ne comprend pas. Je suis responsable de m'expliquer avec ceux que j'aime.

C'est tellement normal pour elle & pourtant, il me faudra encore autant d'efforts pour y parvenir. Je deviens grave lorsque elle me rend triste. Car elle compte & je l'aimerai comme une amie très chère. Sur la route, j'aurai le temps d'utiliser son souvenir. Il ne sera morcelé que par mon attention & sera aussi volage que des yeux.

Ecrire pour ne pas pleurer les trop nombreux mots que je n'écrirai jamais. Non pas prouver mon talent pour écrire, mais pour témoigner de ce que je n'ai pas pu écrire. Pour moi & dans l'espoir de vous intéresser.

Etre amoureux? quand je lui dit je t'aime, quelque chose ne va pas. Je ne le pense pas: c'est devenu mécanique, je le dis pour l'entendre me le répéter, pour me rassurer.

Elle sent mon problème & m'a dit hier soir:

-dit moi tout de suite à quoi tu penses & j'encaisserai le coup.

Je suis amoureux d'elle depuis longtemps, mais je ne peux rien construire avec elle. Je ne veux pas devenir comme ces couples qui se connaissent depuis leur enfance & qui se marient à vingt ans.

Mes projets d'avenir sont les suivants: vivre chacun sa vie de son côté & nous retrouver dans dix ou vingt ans. Je sais que je n'aimerai personne comme elle... excès de romantisme, ou simple réalité psychologique ?

& je n'ai même pas regardé ma mère en partant. Elle aussi s'en est allée, après que j'ai disparu au coin de l'immeuble grisâtre. J'ai marché vers le centre de la ville sans un regard pour cette femme dans sa voiture blanche qui pleurait mon inconscience.

Je savais que je ne demanderai plus de ceux qui me connaissaient & qui étaient obligé de m'accueillir. A présent, si j'avais besoin que l'on m'aide, je devrai m'en montrer digne.

Je voulais faire mes preuves, c'est à dire prouver que j'étais capable de survivre sans rien devoir à personne. Je pensais peut-être que ces preuves suffisaient à justifier toutes mes actions jusqu'à ma mort. En tout cas, si quelqu'un m'aidait à l'avenir, ce ne serait plus un devoir pour lui, mais un cadeau qu'il sera disposé à faire.

Quant à moi je donnerai autre chose, à lui ou à quelqu'un d'autre, à un autre moment. En pensant à celui qui, il y a peu, m'a donné, je le lui rendrai avec un regard d'adieu. Ainsi va le monde, j'espère contribuer à son mécanisme inéluctable d'amour. J'accepte les cadeaux, car j'aime regarder les yeux de celui qui donne.

Aimer, c'est aider; Aider, c'est se faire aimer.

Celui qui a compris qu'il engendre le magnifique cycle d'amour des hommes, l'entraide dont il allume la mèche survit en dehors de lui. Grâce à lui, l'homme qu'il aide, lui-même aidera un autre. Aider celui qui vient à vous, ainsi va le monde mon frère.

Un jour tu diras "mon frère" en comprenant ce que cela implique. En attendant, utilise cette apostrophe par habitude en espérant que son sens t'éclate soudainement à l'esprit tandis que tu salueras ton prochain sans te douter de la révolution qui prend racine en ton cœur.

Aime l'étranger, c'est lui qui t'enrichira. Je n'en ferai pas mon ami: je reconnaîtrai en lui mon ami.

Tu seras plus riche lorsqu'un inconnu te dira merci. Tu aides celui qui en a besoin & seras aidé de celui qui reconnaît ton besoin. J'aime les hommes parce que sur mille indifférents à la beauté du monde, j'en trouverai un qui me donnera de sa sagesse & sera mon ami.

Un ami est celui en qui tu vois ta propre amitié; n'est ami que celui qui aime ta compagnie. Aime celui-là comme toi-même.

& aime ton prochain comme ton ami.... jusqu'à ce qu'il te prouve qu'il n'en est pas digne. Saches que d'habitude, l'on ne montre qu'un masque destiné à séduire (& bien sûr, cela ne peut fonctionner: le vrai se comprend, ne se démontre pas.) Il faut que les autres le voient.... & ils ne le comprendront que s'ils te voient tel que tu es. Car l'amitié ne doit pas être seulement prise de ton point de vue.

Ton ami a aussi un ami: .... toi!

Mais je ne parle d'amour qu'en pensant à une femme. L'amour véritable (celui qui se construit) est de l'amitié à son summum (on ne peut passer une journée sans penser à son amie) doublée d'une dépendance physique. Faire l'amour avec celle que l'on aime est essentiel & parfait. Car l'on joue avec son *contraire*, plus que son complémentaire.

La passion est une belle période de la vie, mais basée sur le physique & souvent le superficiel, les chimères, les illusions. Dès que l'on voit qu'une femme ne pourrait pas être votre amie; il n'y a plus d'amour.

J'ai la chance d'aimer une femme. C'est mon amie & mon amante. Je lui dis je t'aime parce que je tiens à elle & je l'aime pour cela.

J'aime Ève pour la simple non-raison (ce n'est pas une raison valable:) qu'elle me manque quand elle ne me prend pas la main. Je pense à elle tout le temps; peut-être pourrais-je penser à une tout autre personne tout autant.... Mais il se trouve que je n'en ai pas envie: & c'est celle que j'appelle mon amour.

Je n'ai pas envie d'aimer quelqu'un d'autre: L'amour se fait par complémentarité (peut-être): je n'aime pas telle autre, c'est bien puisque je ne le veux pas (il suffit de vouloir): donc je t'aime & si je le nie parfois….

J'ai décidé de te destiner mes sentiments. Tu en vaux la peine; je t'aime parce que tu occupes la même place dans ma vie que.... moi. Aimer, c'est mettre au rang de soi une autre personne. Aimer, c'est accorder à l'autre autant de pensées que l'on accorde à soi.

Aimer, c'est reconnaître à une autre la même liberté que l'on s'accorde. Aimer, c'est approuver chez une autre tout ce que l'on supporte chez soi. Aimer, c'est faire un pour l'autre. C'est voir en une rencontre par hasard ce que l'on voudrait être; voir en quelqu'une d'autre; s'aimer en un miroir: aimer comme soi une autre; (Saches que je suis bourré d'alcool & que je rends l'ordinateur fou!)

Je ressens au plus vrai de moi-même ce que je dis. Je t'aime car tu es toi. J'aime ce que tu m'apportes, j'aime d'un éclat de rire à un tel point que je ne peux me passer ton sourire. Je t'aime. Je ne le dis pas: je l'écris. Lis donc & accepte mon amour. Je ne veux que mon amour soit un mot. Mon amour est moi tout à fait. Moi en face de toi: je dis je t'aime sans savoir si tu me répondras. Je dis ce que je sens c'est toi que j'aime.

Dans des dizaines d'années, quand je ne te le dirai plus.... (ainsi va le monde....) tu dois savoir que je le pense aujourd'hui. Aujourd'hui & demain. Demain, je ne le connais pas.... Si je t'aime, je serai heureux: demain & après.

Les décisions viennent des circonstances, celle-ci du temps & le temps du hasard. Vivre de hasard & le craindre.

Ce hasard qui remet en cause le présent & met en place en même temps un certain futur. Il détruit sans cesse le présent pour reconstruire dans l'instant un futur tout aussi durable que les résolutions d'un fou.

Le hasard est le mystère du futur mis au présent.... Le présent conjugué dans la divine incertitude de l'avenir. J'aime l'inconnu: il explique ce que l'on vit. & certes, la distanciation exprime l'indicible.

Car la vie c'est le présent, l'inexpliqué, l'immédiat vivant. (Le vivant est simplement ce qui est vécu.) Le hasard m'apprend que tout arrive, étant donné qu'on l'appelle; tout est possible lorsque l'on rêve. Le présent est le rêve du passé; le futur, celui du présent.

J'aime le rêve car il prouve l'homme. Celui qui rêve est si intelligent qu'il construit un monde étonnant par la seule pensée. La pensée engendre l'envie, qui dessine le rêve; qui offre une base presque réaliste & réalisable de la vérité que l'on s'est imaginée.

Imaginer demain, s'est s'imaginer soi-même.

Une image est crée par soi; *l'image est soi.*

Je suis ce que je pense; je pense donc que je suis un homme aussi exceptionnel que tout le monde. Je suis vous, vous êtes ceux que je crée. La création est une sécurité, elle détermine ma vision de ce que je crois.

" Plus tard " est ce que je pense maintenant.

J'imagine une belle image de la vie.

J'image l'imagination vivante.

Quoi qu'il en soit: l'imagination est au centre de la vie.

La vie.

La vie est une donnée que l'homme ne pourra jamais comprendre parce que l'homme n'est qu'un être VIVANT.

Ce qui se fait grâce à l'argent n'est pas important. Mais ce que je suis n'est redevable qu'à moi. Je suis gratuit & total: la somme de tous; produit de l'amour par l'envie: je suis moi & c'est tout. Car nous sommes tout.... Tout ce qu'il y a de possible, de notable & de reproductible dans l'humanité est en nous. Le monde. L'utile ou l'agréable? Non; car l'agréable est utile.

J'aime ce qui demande à être découvert: il sait qu'il peut offrir une image ou une vérité au curieux & il le fait. J'aime la simplicité de l'étranger; il veut se faire découvrir:.

Quelle est cette vie qu'ils disent vraie? Le travail pénible, la sueur à son front & puis on meurt. J'ose espérer qu'il n'y a pas que ça: j'aime penser que je n'arrache pas le plaisir par saccades; ces instants de jouissance sont les baisers de l'esprit.

Je vis pour que la fraîcheur admirable du fruit amoureux déverse un orage & remette mon pouls en marche. Je fais en sorte que la semence des cœurs ouverts soit comme la chaleur qui garde la vie en vie; seulement.... elle bat un coup de plus.

& tout va parce que je n'ai pas dit: va! Les événements s'emboîtent non pas par hasard, mais parce que je les prends déjà emboîtés. Je vis ce qui arrive & tout marche comme il faut.

& la complexité de la vie, ce sont les cheveux qui poussent & les poils qui tombent, ou la chair de canard (on dit boutons d'oie en anglais), les mains qui tremblent & les ongles qui se cassent au sang rouge & chaud.

Je ne sais pas penser pas la vie.
En revanche, la pensée,
m'entrouvre la simplicité
de la journée qui passe & l'une-
-iversalité de la seconde.

Vive la différence qui unit ceux qui sont semblables
Les races que l'on crée
se reflètent dans les yeux des adultes
& je m'attriste en sachant
que la seule frontière
est celle des vivants & des morts,
Tous ceux dont les joues qui rougissent
& les autres, aux paupières qui ne cligneront pas
à nouveau demain matin.
Docteur M'Bangala :
le nom fait tâche dans la liste.
(il n'est pas effrayant, juste dissuasif)
Penser qu'il pût être médecin?
Pensez! le nègre assis en face de vous
a l'œil rouge.
Il s'habille à l'européenne,
& la blouse si éclatante de blancheur....
Ce qu'il peut être noir!
N'importe qui d'autre:
mais un vrai médecin.

Mon château est plus petit que celui des histoires. Il n'y a pas tant de marbre parce que ça fait froid aux pieds nus. Ni de grands escaliers pour ne pas tomber dedans. Je n'ai mis aucun chandelier en roue de bois car le plafond est trop bas. Je dois même baisser la tête quand je rentre chez moi; mais j'aime beaucoup mon tipi.

Les murs glacés suintent leur cris de revanche.
Grain par grain, il s'effrite de désespoir.
Je me frotte les mains & le sable tombe à terre
Il agonise & veut que je le relève....
C'est trop sale.
Je marche dessus & ma chaussure crisse
Sur les grains de sable qui redeviennet poussière.
Car la pierre doit apprendre la jouissance
de l'insecte éphémère
qui s'éteint sans regrets.
Il n'a rien vu du monde & son unique journée
lui a suffit.
La vie a besoin de la mort pour vivre en beauté.

A chaque instant, bientôt n'être plus.
Cet absurde bonheur me rentre dans les yeux
& colorie mon temps passé à vivre.

L'année dernière, dans un bar de la Nouvelle-Orléans, j'ai rencontré une fille. Elle était mignonne & intéressante. On était assis par terre sur des coussins. Elle mangeait avec deux copines sur la table basse ronde en rotin. J'étais dans le coin, avec ma bière amère de chine. Plus tard dans la soirée, elle s'était allongé. Son visage était tourné vers moi, ses cheveux remontaient un peu sur mon jean. J'ai avancé ma main vers elle. Elle a sourit, fermé les yeux & je l'ai caressé gentiment en lui parlant. Les yeux clos, elle souriait encore.

A deux heures, elles sont rentrées chez elles & je suis resté là jusqu'à la fermeture. Il était près de quatre heures quand j'ai redescendu les escaliers. Je me retrouvais dans la minuscule cour intérieure. Le garde-manger était ouvert. Il n'y avait personne en vue, j'étais curieux de voir à l'intérieur. J'y suis resté dix minutes, en prenant des nouilles aux oeufs, deux paquets; du riz & des chips à l'huile (les flocons de mousse immonde). De petites autres choses, peut-être.

J'étais loin du centre, dans le quartier résidentiel, les rues vastes & les maisons espacées. Je repensais au concert de tantôt au nord de Rampart. Le groupe de Bootsy Collins avait fait un super show, mais la plupart du temps sans Bootsy; occupé qu'il était à retourner dans les coulisses pendant dix quinze minutes, se changer de costume & troquer sa basse pour une énième autre. À chaque fois qu'il réapparaissait, il se mettait frénétiquement à se déhancher, songeant parfois à aligner quelques notes paresseuses & des solos un poil bancals. Mais l'ambiance chaude m'étais réconfortante, moi & mon sac usé à mes pieds tandis que je m'appuyais sur un côté de la salle.

Pour l'heure, le froid mordant annnçait une longue nuit froide, nul part où dormir. J'ai marché quelques minutes avant de trouver un banc dans un endroit plus calme, sous un lampadaire (pas l'idéal pour s'endormir). Mais le long d'un immeuble fonctionnel, au bord d'un accès parking. Je m'allonge me refroidir trois quart d'heure. Emmitouflé dans mon manteaux léger, la capuche de toile translucide nouée jusque sur la figure. Je me lève. J'ai froid, les jambes raides, le sac qui mord l'épaule droite. Le petit sac encombrant & indispensable pour mon confort de survie.

Je suis retourné à downtown, à travers les quartiers d'affaire déserts & il fait froid. Les grands buildings aux façades froides & vitrées, avenues sombres & résonnante. Les pas de l'inconnu qui marche à votre rencontre. C'est lui qui a peur, sans doute, en voyant un beatnick de 18 ans, clochard homeless. L'image d'épinal du *hobo* américain. Mais je suis si jeune. Je traverse Rampart St à nouveau, marche dans Bourbon St, tout est vide à part le mendiant qui range sa guitare. Il est à la sortie du french quarter, avec les ramasseurs de poubelle. Je quitte la rue flaquée de bière & de vomi; les touristes puants sont partis.

L'aube, je revois les rues merveilleuses. Je trouve un porche à l'abri du vent. Je m'y assoupi jusqu'à ce qu'un inconnu m'offre le breakfast & un café à 75 cents. Un peu fatigué, mais réveillé & heureux de la journée qui m'attend. J'attend tout de cette journée & bien entendu, je ne la connais rien. Je ne sais rien de ce qui pourra arriver, quand, avec qui & comment me retrouvai-je le soir suivant à l'institut de clochard. Dans deux soirs avec une fille dans son lit. La semaine suivante dans le désert Texan, au bord d'une voie ferrée, le sac de couchage installé dans une charette à l'abri des yeux & du vent.

Je repars le matin, en stop le long de la route. Voilà une famille nombreuse dans une petite voiture. Je les vois tous sortir & se tasser à l'arrière pour que je m'assoie devant. Ils sont très polis, m'emmènent jusqu'où ils peuvent, 20 kilomètres plus loin. Je sors à regret dans la brume froide du matin. La maman en sari retroune à l'avant, je regarde le point rouge entre ses sourcils & m'éloigne en pensant à ses sandalettes. Il se met à pleuvoir, je marche une heure sous la pluie; puis j'arrive à Texarcana, une ville frontière glauque.

Il pleut vraiment beaucoup trop. J'y reste bloqué trois heures; mouillé jusqu'à l'os. Je sèche mes chaussettes grâce au sèche-mains des toilettes du McDo. Des gouttes marrons tombent sur le carrelage. J'essore tous mes vêtements. La flaque de crasse & d'eau de pluie que j'éponge.

Deux dollars sur ma table, un cadeau anonyme que j'accepte interloqué. Que croient-ils voir en moi? Je ne suis pas comme cet authentique pépé routard, plus baraqué que je ne le serai jamais. Sa casquette rouge, de travers, tachée de graisses noires. Un manteau sans manches qui flotte au vent. Il fume dehors une cigarette roulée. Il est en stop & attendra encore des heures avant de pouvoir repartir. Il est ici depuis trois jours.

Je n'espère plus attendre au Texas. Je traverse à pied la frontière. Après le pont où j'attendais un peu que la pluie s'arrète, je remarque plus loin plusieurs truckers. J'attrape en courant un camion noir qui repartait de l'aire de repos. Il est réticent, mais en parle à son coéquipier à la cibi & m'accepte. Je grimpe ennuyé par ma clutch (une béquille).

Je suis en Arkansas, une longue journée bizarre, où des promesses des attentes & des bonheurs éclosent. Un jour pluvieux, à midi, où je roule vers une vie nouvelle & inconnue. Ce n'est pas une journée moins banale que les vôtres, mais pendant laquelle je ne m'attends à rien. Puis, chaque rencontre m'étonne, les contre-temps ne m'importunent pas, les évènements viennent spontanément à la vie. La vie accouche d'un temps sublimé où aucun regret ne peut naître.

Seules les obligations nous briment.

Je dois être rentré à Philadelphia à la fin de la semaine. Alors que j'aurai pu visiter mes amis à Little Rock, le retard de la livraison me bloque en pleine nuit. Je m'endors dans la cabine en regrettant, un peu amer, de ne pouvoir les rejoindre.

Les phrases s'imposent.... La vie n'est pas ce que les puissants voudraient en faire. Puisque chacun veut devenir puissant & cherche à taper un plus petit ; le rêve d'être respecté par les autres n'est qu'une vanité qui pousse l'homme à devenir le plus fort ou malin possible, ou bien le plus respectable.

Je ne cherche pas de raison à ma vie. Ce que l'on fait est ce que l'on est; faire les choses à moitié, c'est vivre à moitié. Lorsque j'étais sur la route, je devais mendier pour manger: je mendiais; je devais dormir dehors: je ne me plaignais pas car c'était ce qu'il fallait faire pour survivre.

La seule raison de la vie est de survivre & tout le reste est inutile; pire: inintéressant. La seule vérité est de dire: je vis. & la vie n'a de sens que si elle est juste, honnête & sincère. Ma vie est *tout*, elle se doit être totale.

J'aime lire parce que je suis curieux. Or je ne conçois la curiosité que dans le domaine de l'art: c'est pourquoi la curiosité est le seul luxe que j'accorde à la vie. Car l'art est la seule activité humaine essentielle, outre ce qui relève du métabolisme de base, l'art est à la limite du sacré. Le pouvoir de l'art, c'est la curiosité; & la curiosité rend la vie.

Je ne veux plus dire *demain*, car la journée n'est qu'une très incomplète conception du temps. Dorénavant, j'essaierai de dire: *une fois reposé*. Cela me permettra peut-être de changer mon esprit dérangé & de retrouver la sensation de vie.

Ma maladie est toute relative; elle ne vient pas du tout de moi, mais des autres: je ne comprend pas leur vision de la vie, je sais qu'ils ont tort & eux me disent que personne n'a le choix. Je devrais sans doute obéir & vivre comme eux, mais j'ai des doutes.

C'est ça qui m'étonne le plus chez eux: ils sont convaincus & ne mettent rien de leur société en cause. La société est l'union des hommes, pas les hommes (Montesquieu), or l'union n'existe que si tout reste dans l'ordre; & il n'y a plus de place à la remise en question.

Je veux douter afin de me dégager de "l'avenir-fruit-des-choix-d'aujourd'hui". J'ai décidé d'une éthique de vie pour moi & je ne critique personne. J'affirme juste que je ne veux pas être comme eux: ce n'est pas se sentir supérieur, c'est se savoir différent.

Pierrot est un amoureux de Kerouac, il sort de sa poche intérieure deux livres usés & cornés en de nombreuses pages, il me montre Satori à Paris & Les Souterrains. Il a écrit quarante pages, qu'il a brûlées. Accident? *Auto finalité* inconsciente à la Kerouac? Duluoz brûlait son tas d'écrits quotidiens à la flamme d'une bougie; regardant le papier se tordre & se recroqueviller, un sourire de dément sur le visage.

Je me dirige alors vers la gare & le jour s'obscurcit. Je suis déjà au bout de ce premier jour de liberté. Les grands halls dans le tracé d'un *U*, je me perd longtemps.... marchant le long de tous les couloirs, je passe devant chaque guichet, monte & descends les rampes pour handicapés. Enfin, je trouve le train de banlieue. J'ai dans l'idée de ne pas utiliser le train grande distance, mais de prendre le train de banlieue de philly vers le terminus à l'Ouest. Je serai probablement à la moitié du parcours, il me restera le reste à continuer à pied.

J'arrive à la station de train, je m'informe & je prends des petits papiers, je cherche à localiser les terminus extrèmes des trains de banlieue, mais je ne sais pas où je vais & personne ne peut me renseigner. Cela n'a aucune importance, d'ailleurs la gare est trop grande & je me perds dans les ailes & allées.

Je n'arrive pas à situer Berwyn sur le plan trop petit des environs de Philly. J'hésite entre plusieurs lignes, je confonds entres les numéros de trains. Surtout, ces noms de villes sur le tracé des chemins de fer, tous les noms de chaque arrêt. Autant de lieux inconnus, d'escales possibles. Chaque parcelle de terre est à découvrir & je ne verrai jamais qu'une partie si infime de tout ce qui EXISTE. -Non pas mon expérience, mais l'ensemble de toutes les expériences de tous les hommes sur tous les points du globe à chaque instant de l'histoire du monde.

C'est bien ce Tout (& qui s'enrichit à chaque instant) que je manque d'approcher. Laisser partir sans pouvoir vous aider; je compatis à votre périple.

UN AUTRE DEBUT

Cet après-midi, après être passé chez moi
pour déposer tous mes sacs,
prendre une douche & dire bonjour à mes parents....

je reprendrai le métro jusqu'à la pharmacie,
peut-être à deux heures juste avant sa pause,
comme ça on parlera un peu
& elle sera aussi excitée que moi
de nous revoir à la fermeture.

& si elle n'est pas à la pharmacie,
j'irai à pied à la nouvelle adresse qu'elle m'a donné.
J'espère qu'elle sera là,
surtout qu'elle sera seule....
mon dieu, si elle est avec quelqu'un?
Peut-être devrais-je d'abord aller chez elle,
puis à la pharmacie....

(enfin, on verra bien:
j'ai préparé nos retrouvailles depuis trois mois
envisageant toutes les possibilités
je pense bien pouvoir tout faire dans l'ordre
comme prévu.)

Mais
Tolbiac?
Je connais cette ligne!
dans deux arrêts, Censier....
Censier Daubenton
[petite boule rose au milieu de Paris]
mon seul but   ÈVE!

je t'aime....
Je descends en hâte
mais qu'est-ce que je fais?!
& me voilà au pied du 111 avec tous mes bagages.
La porte est fermée.

Le barman d'à côté écoute mon histoire,
j'ai le code pour rentrer.
Il reste l'interphone je sonne personne ne répond.
Une vielle femme sort,
je ne lui demande pas de me tenir la porte.

C'est pas grave, je sonne encore rapidement,
j'appuie fort sur le petit bouton gris qui s'enfonce
rageusement
"!qu'est-ce que c'est?"
-c'est Pace....

" Oh c'est pas vrai....
(mon ventre se serre.
A chaque fois que je comprend ce qui se passe
mon ventre se serre).
" Attends je m'habille.
buzzclac."

& je suis dedans,
au fond, l'ascenseur,
tous mes sacs se coincent dans le couloir,
la porte se referme lentement trop vite,
la cabine avec un miroir flatteur, ma guitare cogne les parois
faisant résonner ses trois cordes désaccordées.

Dernier étage 5&1/2,
je monte les quelques marches en pensant à elle.
Non, je ne pense à rien je veux juste la voir tout de suite.

La mauvaise porte,
en face un petit soleil doré me souris.
J'ai déjà compris & je ne veux pas savoir!

Ève m'ouvre & reste en retrait j'ai compris.
Je l'embrasse rapidement:
comme elle est froide!
Je ne veux pas savoir. Je sors apporter deux autres sacs.

" Pace je dois te dire quelque chose....
(elle répète une deuxième fois, lentement) "

- Oh non, dis rien.
(& je vais m'en aller. Puisque ça y est, je sais.)

" Ne t'en vas pas.... "

& je rentre parce que je ne peux pas faire autrement,
je dois aller la toucher
& poser ma bouche en pleurs sur sa peau
je dois me jeter à ses pieds,
vraiment à ses pieds
& entourer sa taille de mes bras.
Je dois m'agripper à elle,
je ne veux pas la lâcher, si je lâche mon emprise,
elle partira.

Idiot
elle est partie.
& je pleure, je dis merde c'est pas vrai Ève
c'est pas possible....

j'ai aussi dû dire je t'aime.
Sûrement, oui, je lui ai dit je t'aime.
& je dis merde c'est pas possible non c'est pas possible

Ève Non.... non nnnon Ève.
Elle me caresse les cheveux
& je sens sa tête se baisser vers moi

si.
Je me relève, je regarde ses yeux
& j'attache nos regards pour toujours.

Je suis sûr qu'on pourrait rester jusqu'à la fin de nos vies
à se regarder ainsi; je veux voir ton visage.
Je l'implore d'arrêter son jeu
& de me prouver que tout est comme avant.

Comme avant, je t'en prie, s'il te plaît.

Ah! je hais ces yeux qu'elle me fait
& qui annoncent je suis désolée
me susurre: ne m'en veux pas je suis désolée,
je ne voulais pas te faire de peine.
J'ÉXÈCRE ton regard.... si impitoyablement doux.
Je t'ai perdu.

Je n'ose pas l'embrasser à nouveau sur la bouche
elle me refusera ses lèvres
mais j'embrasse son cou sans m'arrêter
j'embrasse son front ses joues,
tout son visage, mais pas sa bouche.
Je la serre dans mes bras très fort, de plus en plus fort & elle sourit.

J'ai sentis ses yeux se fermer à peine, tandis que sa tète penche imperceptiblement....
je lui pense tout doux
(je t'aime je t'aime je t'aime je t'aime).
Mais je ne peux le lui dire tant de fois;
elle ne comprendrait pas.

Sais-tu Ève

Il est dix heures du soir, il fait nuit
& le vent est si froid.

Il a plus toute la journée, mes vêtements encore humides collent & frottent, glacés par cette petite brise. Le vent est à peine présent,
j'ai si froid.
Ma journée est terminée, je dois attendre le lendemain,
je sais que demain il fera beau, mais cette nuit....

je vais me coucher dans mon sac de couchage trempé, avec la chair de poule pendant des heures, pendant des heures je ne pourrais pas m'endormir, grelottant & claquant des dents avec ma seule haleine pour me réchauffer.
Il me suffit de penser à toi
pour tout oublier du froid mordant. & vingt secondes d'un moment passé avec toi me reviennent en images.

Vingt secondes inépuisables,
qui s'incrustent en boucle pour durer toute une nuit
jouent & rejouent un unique sillon de vie;
à chaque fois que rayé, il saute,
je prie pour la réapparition de ton visage.

Je le contemple.... tu est si présente.

A chaque tour, c'est un éclair de pensées qui me frappe mille fois de suite: loin d'être agacé de voir trop brièvement les mêmes images, je n'en peux plus de bonheur.

Mon souvenir cligne de l'œil en souriant & le froid est partit. Je lui raconte ce récit de tant de nuits il faut qu'elle se rende compte, qu'elle sache à quel point....
nous sommes assis par terre, face à face;
elle a posé ses mains sur moi & me caresse le dos lentement
sans me caresser,
juste en passant doucement ses mains.

Depuis toujours, lorsque je tiens sa main nos doigts coulent délicatement de concert; ils roulent entre eux s'enfilent & se faufilent au creux de nos paumes. Je sens la suave chorégraphie fonctionner sans notre aide.

J'entends
quelque chose un mot.... " je t'aime? "
comme un tout petit je t'aime expiré à bout de force,
presqu'un souffle chhtmm........
C'est incroyable
elle ne m'a jamais dit qu'elle m'aimait.
Moi
(Je lui disais encore & encore je t'aime à chaque instant, sans y penser, brusquement, comme une délivrance, c'est vrai: ces mots me réjouissent. Elle en était agacée, me soupçonnant de les préméditer & de la forcer à une réponse. Mais c'est faux,
une fois:
je me retiens de lui dire je t'aime, parce que je l'ai déjà trop dit. Puis quelques instants après je vois ses yeux me gronder: je l'ai dit sans m'en rendre compte,
malgré moi!
comme si mon cœur devait respirer aussi régulièrement que mes poumons. J'expire mon amour plus que je ne l'exprime.)

Que j'ai eu tort de l'avoir forcé si souvent à me dire cette phrase inutile & stupide! J'ai tant besoin de l'entendre, je m'en veux....

Sartre l'avait déjà écrit : "
-Dis-le-moi à présent.
" Quoi?
-Que tu m'aimes.
" Je t'aime.
-Dis-le-moi pour de vrai.
" Je t'aime.
-Ce n'est pas pour de vrai.
" Pourquoi demandes-tu ça? tu sais que j'ai du mal à le dire!
-Je ne sais pas. J'ai envie de penser que tu m'aimes. C'est bien mon droit. Allons, dis-le. Dis-le bien.

" Je t'aime. Je t'aime. Non: Je t'aime. Ah! va au diable. Comment le dis-tu, toi?
-Je t'aime.

Ève m'a donc dit un seul je t'aime, que j'ai cru.... & qui m'enchaîne pour le temps.
Je lui avais dit:
-je t'ai trop dit je t'aime.
" Ève: & moi pas assez.
-C'est normal, tu n'aimes pas mentir.
".... c'est la première fois que je dit je t'aime."

& pourtant, cette fois-ci.... ai-je compris, ou bien? je me redresse immédiatement:
-qu'est-ce que tu as dit?
(elle ne répond pas)
-mais dis-moi!
(pas de réponse)
-Ève! j'ai bien entendu....?

(rien. Je ne sais plus quoi penser, pourquoi se tait-elle? a-t-elle honte? peur? regrette-t-elle déjà de l'avoir dit? ou)
" je ne peux pas....
-quoi?!
" j'ai dit que je ne peux pas;
" je ne peux pas lui faire ça.
" Je l'aime; je ne le laisserai jamais, il est si....
" si vulnérable si doux! oh si gentil, si attentionné "-

(suffit, je suis écœuré.)

En rentrant chez moi, trouvé ses trois lettres. Je les ai ouvertes dans l'ordre. La dernière était un petit bout de papier bleu: *"Je crois que c'est trop tard.*
"Désolée
"Ève. "

"Nous pourrons peut-être continuer à nous voir
"si tu veux bien.

....

Au théâtre, l'intrigue se noue au second acte. Je lis:
"Faut-il partir, rester? Si tu peux rester, reste.
Pars s'il le faut."

Je peux partir aujourd'hui avant de parler plus.
Pourtant, je ne la laisserai jamais,
elle & la vue du balcon
où je fume de son paquet.

Encore une bouteille. Une dernière clope pour écrire plus avant dans la nuit. Les informations sur Inter me distraient. Je reviens.

Ma tristesse me paraît belle lorsque je craque pour un rien, après avoir fumé ce mauvais shit que Peter en Hollande m'avait offert un soir: un gros morceau noir & sec, vieux de dix ou douze mois. Âcre, sans parfum & une fumée lourde qui rend malheureux. Un léger downtrip assuré; mais quelle ensorcelante sensibilité!

La mémoire est réduite au profit de l'idée. Nos neurones ne sont pas surchargeables, il y a un partage & la mémoire se réduit pour laisser place au flot d'idées qui se crée dans le rêve.

Dans le sommeil, la mémoire est court-circuitée & le cerveau analyse toutes les situations en imaginant les probabilités de tel détail, folie, phantasme, le scénario loufoque est composé d'informations personnelles, réagencées pour en découvrir tous les aspects, expérience du but de chaque élément de la vie observée.

J'ai parlé de l'aventure à Ève pour me venger du souvenir d'autres caressant son visage. Les cheveux effleurent ses yeux, elle dort d'une ivresse cannabique. Ils sont à Amsterdam, deux mois avant mon passage à la Nouvelle-Orléans. Mais je l'ai rendu jalouse & elle s'énerve; j'en pleure comme un égoïste. Elle travaillait; & moi, au chômage depuis deux mois, je l'attendais devant sa télé à rien faire.

Accès de fureur, violence & rage.... *èvasion.* Je suis aujourd'hui à Amsterdam. Peut-être voudras tu passer me voir; tu peux m'écrire poste restante. Je t'attends. Je n'espère rien d'autre que de te revoir. Je pris pour que tu ne m'oublie pas, que tu ne m'ais pas oublié.

Tous ses regards passés que je n'ai pas su saisir. Toutes ces rencontres ratées où je t'avalai des yeux, des baisers que je démultipliais tendrement. Tu dis que je suis doué pour écrire. Je te remercie de ta foi en moi. Je t'aime & regrette les nombreux moments de bonheur que j'ai gâché. Je m'en veux tant.

Ne pas profiter totalement; s'enrichir égoïstement. Vain à la longue. La vie fait des misères à des gens. Le cœur à lâché. Ou bien: il est tombé dans la drogue. Ou: il s'est aventuré imprudemment. Ou: ça m'a tout l'air d'un suicide. Et: l'accident de voiture con!

La crise de pleure déverse la vérité. Les sanglots produisent les éclats d'hommes. C'est la vie où on ne dit jamais assez; où on n'est pas les yeux dans les yeux.

Comme j'ai envie de toi Ève; être en ta présence, je voir, t'aimer, te le dire; l'amour superbe & banal. Je suis si maladroit. Je te fais du mal sans le vouloir: comme je m'en veux. Tu m'as dit que tu étais, depuis longtemps, souvent triste. Malheureuse pas ma faute. J'ai manqué mon amour, le plus beau que j'aurai pu arracher.

A bout de bras, t'embrasser. Si je t'embarrasse....

Des gens se tuent & je pleure en y pensant. Remonter le moral à tous. Même solitaire, étrange, asocial & voyageur tout à la fois. Etre l'ami de beaucoup, pour conjurer l'atroce.

Au final, les hommes jouent juste à s'effaroucher en gesticulant des bras & en haussant crânement le ton. Si ce n'est que le début, faire en sorte que cela en soit un bon; car personne n'a le droit d'être innocent.

Oublier les rancœurs en rengaine. Oublier les verts pâturage des rêves infondés. Chercher le futur qui vient avec l'incertitude du probable. S'attendre à accueillir l'imprévu, en emplir ses jours au long cours, embrasser le moment *qui est*. Chaque instant, une nouvelle vie qui commence.

Partagé dans mes sentiments, le doute de mal faire & la bienheureusité: je suis maladroit, ça je le sais, mais je ferai au mieux. Perdre de vue l'inintéressant & se perdre parmis les chemins de traverses.... prier pour qu'au bout soit la lumière, toujours avancer. Sans un regard en arrière, voir le meilleur & s'attendre au pire afin de pouvoir l'éviter.

Danser les pieds joints & s'intéresser aux autres. Se mettre au vert par temps de pluie. On ne vit pas comme des vautours chacals hyène de certaines espèces.

Un traitement d'âme, je crois, introspectivement vécu. Pages tournées, art d'écrire en jeu, art à jouer & à vivre. Mais à présent, la nécessité est d'effacer le disque, dur & la mémoire, morte, du passé. *Exécuté*. Ma douleur fut sincèrement profonde & tout compte fait trop longue -thérapie radicale & nécessaire.

Est-elle déjà vraiment tout à fait accomplie?

Le mouvement des astres me montre la grandeur de l'univers & j'en fais partie. La rage est bonne & la réalité du bonheur est en notre propre regard.

Agitation générale !

Stop Instar

Je marcherai pour vous,
vous y verrez pour moi.
(FLORIAN, *fables*)

*

Mais si nous suivons
une [mauvaise] voie,
nous marcherons de
ténèbres en ténèbres
& finalement
à la mort éternelle.
(CATHERINE de SIENNE)

1

Pourquoi mourrai-je avant
d'avoir fini?
j'ai le temps de tout recréer;
& je ne quitterai pas la terre avant d'avoir réussi à vous
écrire pendant 1 semaine.
Arrivé sans rien à moi, pourquoi voudrais-je
que le monde me doive quoi que soit?

2

se donner l'envie de s'attabler
comme un bienheureux;
il faut rendre ce manuscrit,
dernier délai vendredi en huit
à midi dans dix nuits & dix jours.
Mercredi, ce soir du mal à se mettre en route
aller rechercher des feuilles déjà notées.

3

Bien des mois plus tard...
le voyage s'éloigne,
mon corps oubli chaque jour un peu plus [un peu de]
la jouissance de l'errance.

Aujourd'hui un souvenir moribond
me chuchote en bénissant mon front:
... & la vie s'écoule au fil du temps sans histoire,
le bonheur est un mécène qui exige qu'on lui fasse la cour;
ceux qui l'envisagent sont déjà morts.

4

Hommage à un soldat inconnu de la Grande guerre,
en mémoire à tous les braves sacrifiés.
Vois ce qu'ils ont fait
[les hommes du pouvoir]
massant les conscrits en vagues humaines!
marée à l'assaut de l'ennemi
la chair à pâtée déchiquetée au bord des tranchées.
Sous tes yeux
François pendouille sanguinolent
entre les barbelés.
Comme il serait ridicule s'il n'était crevé!
{la patte gauche accrochée en l'air,
le corps affaissé sur les fils piquants,
on dirait un chien qui fait pipi au milieu
d'un champ de mines.}

Il est mort il y a si longtemps
& tu revois parfois encore
dans un cauchemar ce manège de dupes...
les peuples n'en finiront-ils donc jamais?

5

J'écrirai tous les soirs
-chez mes parents, je suis toujours dehors:
"quand dort-il? &
il se réveille quand je rentre du travail!"

Ma chère, garde-moi cette lettre je pense
que je voudrai la relire plus tard...
l'éditeur peut corriger les épreuves. Comment le mettre à la façon des poètes?
& où en est le sens!... encore une ligne

6
à 4am, l'heure de l'actualité; [aujourd'hui le Ramadan a fêté sa fin dans le sang] des hommes se tuent
pour si peu.
: c'est pas de l'amour.
Je pourrais raconter ma vie
j'écoute *là-bas si j'y suis* lentement
devant un bol de céréales
j'ai pas faim.
Pour concourir il faudrait faire un recueil
mais comment fait-on?
écrire des feuilles & classer
mais comment recouper les mots
tout y insérer en mosaïque & trouver un fil au patchwork?

7
Oublie la littérature, t'y arriveras pas;
va plutôt fouler de tes pieds
le sable de Goa les cailloux des steppes afghanes
la brousse d'Afrique.

Qui sont ces travellers des Highlands,
& que se passe-t-il dans les squats d'Amsterdam?
#
comme eux.

8
Philadelphia,
La piste d'un prince français à la rencontre des loqueteux.

& je n'ai même pas regardé ma mère en partant vers le centre-ville l'esprit étrangement vide
hors de portée
Tout s'estompe enfin

marcher un peu au hasard
le sac au dos qui commence déjà à me faire mal.
Je ne sais pas où avancer.
La marche à pied c'est tout;
le bout de la route se trouve maintenant derrière.
Je deviendrais le vagabond que j'ai toujours rêvé d'être.
J'ai lu ≍
“Les nourritures terrestres/Les nouvelles nourritures.”

9
Le rêve
qui m'emmène là-où il partage le *temps des morts*:
luxuriante agora tropical.

Il y a un goût de menthe qui flotte dans ma chambre &
m'incommode
je retiens ma toux
sans savoir si c'est une bonne idée
pour la santé.
[j'ai dit ceci d'une voix éteinte
personne ne m'entendit
... il est possible que je n’aie jamais prononcé
aucune de ces paroles.]

10
Demain, alors...
parce qu'aujourd'hui j'ai remis l'aventure à plus tard:
ce soir je me suis réservé un lit à l'auberge...
pour retrouver tous les aspects du confort;
c'est facile:
il suffit de payer,
suffit d'avoir de l'argent.
Mais je ne veux plus de cet argent, je ne veux plus avoir
à commercer avec les marchands.

Je veux de la petite monnaie trouvée sur le trottoir.
La vraie richesse de l'homme
semble évidente
au vagabond
qui peut compter ses pièces à l'œil nu.

11

Le dernier jour je n'aurai plus qu'une pièce & je la donnerai à un mendiant.
Une pièce, c'était trop.
Dans l'auberge de jeunesse
je parle aux voyageurs
mais j'oublie de dire que je suis parti le jour-même:
disons-leur
que je suis sur la route depuis un mois.

le matin je quitte la chambre sans réserver ce soir;
je me promène dans le quartier chinois
quand je fais la rencontre de Jack-le-vétéran.

12

une pluie fine dans le ciel invisible;
& nous sommes ensemble à cet instant.

Chinatown-
"Would u let an old alcoholic tell u somethin'?"

Un mendiant répugnant
dans une large rue insalubre.
Il est contre le mur en brique du parking place;
je reviens sur mes pas m'agenouille à ses côtés.
Incohérent propos
sur la bataille de Gettysburg;

je m'assoie & je l'écoute
amusé & consterné
par sa version de la bataille qu'il me bafouille
sans ses dents:
"u know how many died?
you're gona cry when u know..."

& c'est lui qui pleure,
ses lèvres tremblent tandis qu'il se souvient -
[1-3 juillet 1863]
les charges corps à corps
qui pouvaient tuer 80'000 hommes
d'un coup.

13

"Even fucking Vietnam wasn't that bad
-u were there?
"yes sir!
[à 19 ans il s'engage; il vient d'une famille de militaires]
"have u ever shot an M16?
-...

les passants sont inquiets.
Ce n'est rien messieurs
juste un pauvre hère qui fait l'aumône
pour se payer des bières.

Le bruit d'un avion qui passe dans le ciel
[l'aéroport n'est pas loin]
il crie: "*EY!*"
& baisse la tête, se protège de ses mains,
le corps en boule,
le crâne par terre,
affolé par les bombes qui pourraient bien
tomber sur nous.

14

Mon dieu squ'il peut puer!
"u wana see something?;
il se rapproche de moi...
"u probably don't want
to touch me...
"I'm so dirty.

Je ne réagis pas
quand il me prend le poignet avec sa main
sa main, oh…
sa main crasseuse, rugueuse & noire;
je sens déjà que ça me gratte ;
il me la pose sur son crâne -me presse & frotte les doigts sur
ses cheveux repoussant de saleté, de poussière, de tiques:
- ça va j'le sens ton éclat d'obus, j'ai vu laisse-moi lâche ma
main please,
ah, je me retire avec dégoût.

15

Les doigts luisants de son huile rance
cet homme est une immondice!
je garde ma main loin de moi
& puis lui
qu'est là tout près; il pourrait me retoucher
je sens son haleine
aïe fétide & sa vermine qui me grimpe dessus, me colonise.

Je dois aller me laver
& il continue à parler; de son ami
qu'il a tenu mort dans ses bras les jambes arrachées;
pour le venger, il a tiré
comme un mort-vivant sur sa mitraillette
-600 coups/mn:
"I got those 2 fucking bastards!

16

il aurait voulu être un général à cheval sur un champ de bataille de la civil war;

il raconte ce qui se passe:
il se sacrifierait pour ses soldats...
il répond :

"there are some times
when the life of a
general doesn't count!

il délire il est vraiment fou il pleure & il prie pour que je ne connaisse jamais une guerre

- vivre la guerre en soldat.

17

Il était hippy
& il était contre le système:

"u have long hair!
we should have won: I played drums,
learned some guitar
in Vietnam... we were in holes!

"man, when u heard:
"A"!!! COMING!!
and, boy; u just
got down like shit!

18

Je lui laisse mes allumettes. Il s'allonge avec peine en faisant attention à ne pas renverser sa bouteille.

Je m'éloigne
je ne sais pas où dormir ce soir
je marche jusqu'au bout de la ville
vers le nord-ouest & la state Library.

19

Sur la moquette sous la table,
un papier est tombé de ma sacoche de voyage
mes notes sur ma vie avec les Amish.
La grande feuille est pliée en quatre;
je me rassis & lis le texte:

20

Le style, ce sont les règles auxquelles on ne pense plus:
je garde les mots étrangers qui passent.
Le temps presse, j'efface de ce texte toute la partie
de ma période Amish, elle est intéressante
sans doute mais le temps presse.

21

J'ai fait exprès de m'éloigner; pas envie de retourner à
l'auberge Bank St comme une urgence...
une drôle d'envie...
marcher sur la route
[n'importe laquelle,
où qu'elle mène,
où que j'aille,
plus avant, plus loin, ailleurs];
plus besoin de se retourner
ce que j'ai vu
ne m'intéresse plus.

22

Mais j'ai compris qu'une nuit
n'a pas besoin d'être passée au chaud pour être vécue. On
peut être fatigué & transi de froid sous la pluie...
& content; car la liberté n'a pas de prix.
tu sais que

demain il fera beau
le soleil te sèchera
tu te reposeras à midi
de ta nuit difficile.

C'est mieux que de gober du temesta.
Aujourd'hui je dois rester seul.
Je dois me mettre en quête de ce que je cherche...
Je ne connais rien,
je ne peux encore emmener personne
& personne ne peut être emmené de force à la route.
Le voyageur est comme un diable noir
il n'a pas le droit de faire miroboler
aux sédentaires des aventures merveilleuses

23

C'est vrai,
l'aventure est excitante,
mais le bonheur est parfait.

Si tu peux te contenter du bonheur, reste...
Mais si tu ne peux plus tenir, alors pars... (V. Hugo)

mais ne suis personne!
[si tu as besoin de quelqu'un
tu lui appartiendras.]
Cher Nathanaël
part à bout de patience,

apprend à connaître chacun des hommes
sans te laisser emmener sur leur route;
"mais ne prend congé de personne"
car la route n'est pas à toi...

24

… peut-être le deviendra-t-elle:
seulement si tu arrives au jour
du quatrième stade de ta vie
quand tu auras renoncé.
Tu seras voué à elle de ton corps
& de ton âme avec pour seuls biens à toi,
un bol à aumônes & un bâton.

Le plus parfait, un sannyâsin.

Moi aussi j'ai peur,
que crois-tu? mais ce soir
si je ne trouve pas à manger
je vais avoir faim.
Je traverse la rue sans regarder: je vais à l'ouest,
je m'éloigne sans m'en rendre compte:
la route est une drogue
qui décuple les hasards de la vie.
Mais pour ce jour
je dois renoncer à partir si loin.

25

Il me faut un *bapthème* de la route.
j'attends un hasard pour me secourir.

Dehors la nuit tombe.
Je ne retourne pas sur la route dans l'autre sens
je rentre dans les bois à l'aide d'une torche, chercher
un raccourcis peut-être vers Lancaster Road.
Tourner à droite & je rejoindrai l'autoroute

je ne veux pas
je n'ose pas faire du stop
je préfère marcher sur la route 30.

26

Il fait nuit
je suis à pied, perdu.
Sur une route, je ne sais pas laquelle;
ni où je suis, ni où je vais.

Lyon;
La maturation soudaine du cocon.
L'histoire explosera tantôt
& tombera avec une lenteur spectaculaire:
{le + important dans l'art de cuisiner
c'est de souvent goûter}
j'ai rarement été si heureux
& sans peur d'une échéance
je plume le papier.

Le saviez-vous?
rien n'est plus long
qu'une journée vécue au hasard de la route;
les heures d'une journée de temps libre
banalisent *l'accident*.
Les mots reviennent
sans que je puisse m'en rendre maître
je n'en ai pas d'autres.

27

Il fait froid la nuit je ne vois rien
les phares m'éblouissent & je longe dans le noir
une rue perdue dans les bois à 22h30.
Je cherche sur les pelouses un coin où dormir.
je désespère de cette route
un détour loin dans d'autres plus petites rues.
Las! je ne veux m'adresser à personne.

Le garagiste ne sait pas m'aider

s'en fout un peu comprend pas bien ce que je veux faire
aller à Lancaster à pied?
il ne comprend pas. Je consulte la carte rue par rue
mais je trouve rien pas d'indication pour Lancaster Rd.
je continue à l'Ouest atteint un carrefour vide.

28
Je marche des heures
aux abords de l'Université Villanova
personne ne s'arrête pour moi ce samedi soir
les étudiants passent sans me voir
je suis assis ça ne sert à rien il est 1h du matin
aucune chance d'avoir une voiture.
Alors j'avance
vers la ville suivante encore un peu
juste un peu plus
& j'ai froid peur mal aux pieds
au dos fatigué par les heures de marche depuis
Philadelphie, j'avance mécaniquement

je cherche 1h encore, partout
dans la forêt
derrière les maisons,
je regarde chaque jardin
les pelouses d'immeubles
voir où je pourrai passer une nuit sûre.

29
j'aime l'art fainéant, le brut sans chichis
si vous trouvez ici que des phrases sont décousues
allez dire que c'est une mauvaise histoire.

Je lis souvent, mais pas assidûment.
30

On a le droit de ne pas être content
mais pas de parler fort & d'être méchant.
Je me réveille de froid le lendemain
à l'aurore;
des courbatures atroces.
Je ne peux plus marcher mes chaussures
sont spongieuses d'herbe humide. Il a plu.
Je repars lentement
me réchauffer peu à peu
je me sèche & mon dos me fait mal.

31
Je m'approche de Berwyn j'aperçois la gare,
[finalement, en train je serai arrivé en 20mn.]
Mais ça n'a plus aucune importance
je suis libre & réveillé.

Prêt pour l'ouverture du 3ème œil:
l'éveil du *satori*
il est huit heures ce matin
.... on m'emmène à la plage.

32
Jeremy me sourit
il porte des lunettes de soleil
voit tout rouge autour de lui:
il me semble quelque-part;
& porte une longue robe orange tel un sari indien.

Ils vont à Sea Isle. C'est à l'opposé
sur la côte atlantique,
très-bien, j'irai-là.

33
Je retourne sur mes pas; la route où j'ai marché 8 heures...
arrivée à Philly en moins d'1/4h,
Jeremy est extasié par les nuages rouges
"désolé, J. mais je ne vois pas!
à destination chez la grand-mère Nana de Chris
on va se coucher —je suis claqué
l'après-midi ils surfent

Les moines du Chapkori s'envolent dans des cerfs-volants géants [un étonnant planeur incontrôlable]...
plus sagement les fous de la glisse
friment à la neige ou dans les vagues.
#
je me promène dans la ville avec Jeremy
on fait les plans pour la soirée
[Fraternity house, maison 7908]

34
la soirée ne fait que commencer
& on part à une autre party en voiture
pendant trois jours les soirées chez des inconnus
rester s'incruster dans les villas louées au mois
par les slackers de New York & rentrer à 4:30 en voiture:

stay awake please stay awake let us stay alive
Au réveil le soir je suis heureux
drinking wine poodi-oo-dee. Got a bottle pass it around
[& à long terme si tu trouves]
J'aime bien peindre des n°s & des signes typographiques dans mes pages
ex: {%} n'a aucun sens, il
reste-là juste pour te regarder
1 fraction de 2nde.

C'est un poison orange de feu que vous inspirez.
Ce qui est compris du censeur mérite d'être censuré.

35

Pas le temps de raconter tout aujourd'hui;
& ça m'agace.

Le vieux routier, old timer!
sait comment raconter les aventures
qu'il s'enjolive.
Mais au fond de lui les souvenir mordent cruellement
{
Ève lui manque depuis le début du siècle

Il ne vagabondera pas pendant les années 2000
il a perdu sa femme à contrecœur.

La dernière amarre, il l'a lâché il y a tant d'années...
depuis, il a pris l'habitude d'être courageux:
& il se demande qui pourrait encore l'attendre.

36

Humm, la sensation de marcher
sans chercher à aller où que ce soit;
détour par le parc national de Valley Forge
je suis dans les arbres toute la matinée
pendant des heures, avant de toucher la 23
qui coupe la 30{Lancaster Rd.}

[les routes paires: est-ouest;
& impaires: nord-sud]
je stoppe tranquille, je passe par les backroads
à la nuit tombée

je marche sur la 30, le long de la route,
quatre villes endormies
puis un chemin de traverse au Nord.
Je passe encore du temps sur la route
& je trouve un arbre.
Le regard prépare le chemin & te dirigeras-là
car [là-bas] est presque ici
& il serait dommage que tu n'ailles pas voir...

37
... vas-y, il ne t'arrivera rien.
-Mais je me sens seule!

Ce rêve mais s'impose chaque nuit:
pour qu'un jour enfin, l'homme se réveille
converti aux miracles.
Aime la simplicité du vagabond
quand il veut te raconter
il veut se faire découvrir alors
aime-le si tu peux.

38
Les évènements ne s'emboîtent pas par hasard
mais parce que
je les prends déjà emboîtés:
je ne cherche pas à vivre des expériences
mais qu'elles me fassent vivre
remettre mon pouls en marche...

un coup de plus pour me façonner
à leur image, pour un moment
… & en fait pour toujours.

39

Je suis à la recherche du pays Amish.
La nuit au pied d'un arbre aux racines noueuses;
à l'abri
au bord des maïs fanés.
J'ai passé la plus belle journée de ma vie
à somnoler dans tes bras,
la tête au pied du lit.
La tenture indienne
calfeutre ma fenêtre comme toujours...
les heures s'enfuient vite
quand on ne travaille pas.

Si je me couche au bout de mes forces ce matin
alors
je serai sûr que la nuit n'aura pas existé.
C'est que la mort rôde autour des nuits
& m'effraie trop
pour que je puisse quitter ma machine.

Je ne veux plus travailler ce soir
je suis effondré de fatigue
je dois rendre dans deux jours,
mais le temps ne s'est pas plié.

40

Terminer après-demain
la joie d'avoir écrit à la porte des rêves:
certaines idées débordent
& les images crient
pour ne pas être enfouies
dans le gouffre du sommeil.

Le matin, avant 7am je me lève &
m'aventure au nord

dans des petits chemins de pierre.
Au bout d'un quart d'heure
je pénètre sur les terres
de la première ferme que je croise
en haut du croisement avec la route goudronnée,
un homme sort de la maison blanchie
il a un chapeau de paille troué
il s'éloigne & passe derrière la grange.

41

{notes essentielles à l'humanité:}

1. M.F. Le Play, les ouvriers européens (1885):
" les loisirs de la vie nomade, les habitudes de
" méditation qu'elles font naître chez les individus les
" mieux doués communiquent à ceux-ci une distinction
" de manière, une finesse d'intelligence & de jugement
" qui se remarquent rarement au même niveau social
" dans une civilisation plus développée... ce qui leur
" répugnent le +, ce sont les travaux agricoles; ils font
" tout plutôt que d'accepter le métier d'agriculteur.

2. Paul Lafargue, le droit à la paresse (1873):
" l'agriculture est la première manifestation
" du travail servile dans l'humanité.

42

& selon la bible: Caïn, exclu du paradis,
parti au hasard,
"errant & fugitif sur la terre";
Caïn! le premier criminel
était un agriculteur.
Alors immanquablement
mort-née, l'idée se détache des pages
qui ne se chargent plus d'elle.

Jusqu'au bout trop lyrique
le camelot finit par rapidement ne plus être suivi...
d'où est-il venu puisqu'il arrivera demain? #

43

Peut-être Tom a-t-il tort
de ne pas vouloir connaître la ville; sans doute...
mais il ne se ferme pas lorsque je raconte notre vie
seulement, il
n'a pas envie d'aller voir.

Au fond je regrette qu'il n'ait pas besoin
de voyager de par le monde;
mais tous les jeunes n'ont pas besoin
de partir de chez eux.
On n’est pas obligé de vagabonder dans la vie;
il m'a l'air heureux avec son sourire simple
& ses grosses mains de fermier;
il a 19 ans...

44

Je rattrape son père au milieu des champs
bonjour!
il me regarde étonné, *hiya*.
J'explique que je cherche du travail:
il me dévisage
& me demande si j'ai déjà travaillé dans une ferme?
-non:
il me désigne le champ, demande si je sais ce qui pousse?
-aucune idée:
on discute un bout.
Il m'explique sa vie, sa religion spéciale.

45

qu'en penser?
Se souvient-on déjà de s'être promit d'imprimer les épreuves ?
j'ai envie de lire mon vieux dictionnaire je vais le chercher.
C'est le Larousse illustré d'un autre siècle;
des pages roses ternies au point de ne pas en voir la tranche;
le volume est fermé.
Il est plein de vers séchés au fil des siècles
je suis sûr
que le livre est un sarcophage hanté:
il empeste la poussière
& sent bon la connaissance.

46

Chaque civilisation date les années de son ère.
La nôtre est née dans un paradis situé
entre le Tigre & l'Euphrate.
Quel plus bel endroit pour s'installer
se guerroyer & se piller les femmes?

La première moisson
a prophétisée à qui voulait l'entendre
la destruction
de la terre par ses hommes.

47

Mais on tient plus au confort qu'à la vie,
c'est pourquoi il nous restera à la fin de l'humanité
un seul couple
d'aborigènes australiens patagoniens ou tibétains
pour jeter les os de notre mère derrière leur dos.

Ils repeupleront la terre
à coup de jets de pierre.

Les prédications des Hautes-terres
annoncent que l'invention de la roue
précipita notre fin.
Les Amish n'utilisent pas de pneus sur leurs roues:
parce que le confort ne leur paraît pas important.

J'aime l'idée que c'est la vitesse
qui poussera notre grande civilisation à se suicider.

48
Au siècle XXIème,
le monde entier suivra l'Occident:
déjà
il a civilisé les antiques traditions
de pays éblouis [par tant de richesses]
& qui partent en quête
de la société moderne.

L'Amérique s'est armée
à la plus grande guerre du monde
{le contrôle de la planète par les marchands.}
Le blanc envahira le monde:
il ne montre aucune honte à prendre les richesses
tuer les sauvages ou
en faire des esclaves.

49
Mes chers nègres! je vous ai compris... mais
ne croyez-pas que chez nous la vie soit plus rose:
le travail c'est la vie.

{le soldat va mourir sous un obus &
il est vrai que
l'on tolère les artistes inutiles
mais au fond
on les hait, ces saltimbanques parasites de foire}

Au moins un barbare
ne chercherait pas à s'excuser:
tandis que le blanc
fait le signe de † sur l'indien bronzé.
L'homme occit a
le flot de son sang qui coule de la bouche
avec des bulles: elles éclatent doucement
ploc-ploc ;
il est mort les poumons transpercés.

50

Les Amish ont trouvé
la seule défense possible
contre la culture arriérée des américains.
Je les vois barricadés dans de fortes lois morales
afin de ne pas perdre le sens de leur vie
& peut-être de résister à la tentation.

Ils ont compris que la déchéance du monde occidental
vient du progrès inutile {...mal utilisé?!}
& d'un confort exagéré.

51

La plantation de tabac
est très importante
cette année la récolte sera bien plus dure
Le travail pénible
ininterrompu pendant 1 mois.

Ils comptent sur l'aide des voisins, mais
je suis le bienvenu.
On retourne ensemble voir sa famille:
ses jeunes enfants ses filles sa femme...

52
& un petit trisomique [13 ans?] qui s'avance vers moi.
Il me donne une tranche de pastèque,
je pose mon sac; tandis qu'on m'accueille chaleureusement...
Si je faisais attention à ce que j'écris je serais lisible
/mais il faut avoir bonne conscience
pour vendre un produit culturel.

Or
je vis chez moi sans soucis; la radio grésille un son amateur,
Eluard sur du jazz.
La lumière éblouit
& je sombre
un instant d'oubli à 3h
me précise-t-on -je vous reçois
& j'aime cela:
la petite chanson des pirates de l'onde passe dans
l'azur perdu de la bande Fm.
Il n'y aura certainement pas de fin à cet instant.

53
Mais je cherche une inspiration
plus belle que les souvenirs & les jolies images.
Comment vais-je retrouver
le fil de toutes mes notes
je n'avance pas;
par quelle porte de Paris s'enfuit-on?
je suis obligé de couper court

{je dois rendre ces pages dans vingt-quatre heures
pas le temps de chercher des jolis mots
    je dois tout effacer
j'ai d'autres choses à dire aux poètes. Un mot sur

54

    ce mongolien étrange & si bon, il a 17 ans
& me sourit tout le temps;
    ses yeux scintillent quand il est heureux
    il est toujours heureux

ses gros yeux ne me regardent pas;
    il contemple le vide
tandis qu'il bafouille des paroles de débile mental.
[son nez morveux coule au coin de ses lèvres
        il se suce].
    Il mange tout le temps
se goinfre en bavant
à pleine bouche: il dit "hungry" à 11h & à 16h
en se frottant la bedaine.

    Il sourit toute la journée avec sa langue
chevaline & violette
qui pend avec de la bave entre ses dents hideuses.

    Il parle mal cherche des signes à faire à la main
des mimiques ridicules & incompréhensibles.
souvent capricieux, il éclate brusquement dans une colère
infantile, exaspéré de ne pas se faire comprendre.

    Il suffit de lui sourire. La petite fille huit ans
semble avoir peur de moi
[longs cheveux blonds nattées sur les côtés]
    repart faire un tour sur sa bicyclette rose
les chiens jappent, courent en rond.

la porte de la maison s'ouvre
je traverse le porche, passe avec un sourire,
rentre & m'assoie à la table des Amish:

55

[je retranscris quelques impressions...]
Hier j'ai coupé les plantes
avec une longue cisaille
[-put some schmutz on it.]
coupé à ras de terre pour ne perdre aucune feuille.
Je dois courber le dos
baisser mes yeux pour chercher les racines à attraper
entre les feuilles;
les plants ont été tordus
par des tempêtes.

Il faut couper du bout de la lame, engager les ciseaux
& guillotiner
d'un coup, clac!
arracher le tabac en levant le bras droit &
faire tout tomber du même côté

je m'applique lentement à déposer les tiges par trois;
une rangée /2:
il faut compter
j'ai peur de me tromper, de mal faire.

Le tabac couché
sur le champ
rangé avec méthode
attend d'être empalé en grappe sur des bout de bois
: On en met 5 ou 6 pas plus sinon c'est trop lourd.
"Spur it up!
do u have a spurer?
Poser le bâton sur le sol, une baïonnette fichée au bout

le tout tenu verticalement
comme une canne;
il s'agit de prendre le coup:
d'un geste faire atterrir le tabac sur la pointe;
enfoncer les tiges comme des perles...
la sève colle sent l'herbe,
le jus tâche ma chemise,
& je me suis coupé avec le
couteau-spurer.

56
[la ferme se rempli à ras-bord de tabac
qui sèche sur des poutres pendant des mois.]
Le toit est à huit mètres
quand on commence dans une grange vide:
Tom est le plus doué, il monte tout en haut.
Je reste sur le chariot à passer le chargement;
Jonas est en équilibre un mètre au-dessus de moi.
Il faut faire passer le tabac à celui en haut
d'un ample mouvement des bras
des charges lourdes de 20kg,

Pas de temps mort
le tabac passe à la chaîne d'homme à homme.

57
Un soir on a parlé des heures durant
de la science des *english*;
Je leur ai apprit toutes ces choses
que nous savons depuis un siècle.
- Les mouches ne s'écrasent pas
au fond des voitures en marche &
Nous avons à Paris le même soleil que vous:
il n'y en a pas plusieurs!

Nous reparlerons de tout cela
après que le monde humain
ai débrouillé nos esprits;
il est déjà tard je suis fatigué & plus d'idées à dire.

58

Un certain juif a expliqué que
choisir un autre & être choisi;
c'était le sentiment de bâtir la vie.
Or l'économiste pense sérieusement
il ose le dire {n'est-ce pas risible….} voyez-vous
le travail doit être au centre du rapport social.
Tandis que je le vois chaque jour:
nous sommes esclaves
& la logique d'accumulation nous rend
à jamais insatisfaits!

mais de combien de travail
l'homme a-t-il donc besoin
pour se procurer un sentiment d'utilité?
en vérité je vous l'ordonne,
réjouissez-vous de la croissancef
car nous serons heureux à trois %.

59

Une bouffée d'air...
J'aime plutôt voyager sans hâte.
Arrêtons-nous où bon te sembleras;
on avance mais ce n'est pas une course
ni un tour du monde.
& comme tu l'as voulu,
la terre tourne pour l'éternité encore
& nous dévoilera la vie demain.

60

A chaque aurore, je suis seul
& le vide insensible autour.
Pour toutes ses fleurs roses & blanches
des grands arbres,
je marche puis oublie l'heure.

La nuit attend, je suis transi de froid,
il me faut me lever
& promener mon cœur
sur le goudron luisant de rosée.
Les graviers crissent
& la nuit cache ma fuite.
Je remets en marche ma vie pour ce matin
- Tout est
dans l'œil qui reconnaît > il est l'œil...

Nous marchons, nous mangeons en rythme.
Il n'y pas d'autre ville où je désire vivre,
je suis dans le panier de New-Orleans.

61

La seconde que j'ai passée reste
un souvenir, juste le temps
de garantir le fil de l'existence,
& mon cerveau se consacre aux instants imprévus.
—Ecrits pour les entasser
...
reconsidérez vos biens:
"car ils resteront distincts de vous
jusqu'à la consommation des siècles."
Le gueux pousse plus loin sa quête;
à la fin du pèlerinage
sur terre
ad instar une errance

un mendiant vaque dangereusement.
Je veux juste vagabonder...
attendre la chance d'un jour
& me permettre de la rater
tous les jours.
Je passe.

62
La route que je cherche
m'emmène où elle le peut
je suis guidé par mes images d'Epinal...
mais je sais que tôt ou tard
je serais là où mon rêve se réalisera.

A l'instant précis
où *Il* prend la réalité de court
& vole une torche divine, je suis là.
Je pensais n'aller nulle part
mais je me rapproche d'un but.
Le voyage est une vie qui se développe
& cherche sa nourriture
dans les mythes.

63
Pas envie d'attendre
Une nouvelle incarnation
pour continuer ma chasse
des vérités cachées.
Je n'ai pas le temps;
pas le Karma
pour récompenser tous mes efforts.
La vie n'existe que pour laisser éclater
les temps d'amour les sourires & les plaisirs.

64

Mon Doux
faites que je finisse à temps
je n'en peux plus
ce serait si dommage de ne pas y arriver
tout terminer -en finir.

"Mort pendant les brouillons,
n'a pas pu écrire son livre"

j'implore la sympathie du lecteur:
il m'aurait fallu une longue période de réflexions
pour corriger le langage enfançon
que j'expulse du premier jet.

65

*En fait je me fous que vous aimiez.
Je n'ai pas le temps d'écrire un beau texte
je dois l'avoir fini dans 8h*.

Comme Hitchcock qui laisse une caméra
dans le champ pendant la bataille de Waterloo.
Il ne recommence pas la prise,
considérant que le spectateur sait bien
qu'un film se tourne
avec des caméras.

66

& Tout ceci est vrai.
Je pense à ma femme qui viendra me rejoindre
à l'heure.
La vie vaut la peine aujourd'hui.
Hitchcock Railway cogne
à (06:21) du mat

Let us get on the train now! to freedom...
just whom must I trust?
quelque chose me glisse dans le cœur,
something s'aligne...

67

On ne peut piquer une fleur
sans chatouiller au nombril du ciel
une étoile du nord.
Je suis de retour en France,
la retrouver.
J'ai senti ses yeux se fermer à peine,
son dos se cambrer un bref instant
je lui pense doucement
(je t'aime je t'aime je t'aime je t'aime).

68

quand je pense à toutes ces fois
où j'ai essayé de te quitter
mais décidément je n'en avais pas envie.
Demain, je préparerai mon départ,
mon sac & ma doc,
ranger la chambre ne rien laisser

Tous les deux sur les chemins de Suisse
à travers champs débouler
en bas du pré à la vitesse d'une avalanche.
Tu m'engueules parce que
tes groles sont trempées
qu'il pleut
qu'il fait froid
qu'on est perdu
qu'on n'arrivera pas à temps à la ville
& prendre le train pour Lausanne; tu es un peu affolée...

69

" Pace! la ville est à 13km,
" dans 4 heures le train part:
" on n'y arrivera jamais!
-je suis sûr que si Ève ...
ne t'inquiètes pas tout ira bien:
il n'y a rien à contrôler,
laisse la journée faire son œuvre

Tout va bien parce que rien ne peut se passer autrement dans un monde de vagabon.

70

Commencer un bout de chemin & saisir les chances...
le hasard
est impitoyable pour qui s'est trompé
il n'accorde alors plus ses faveurs
pour un bout de temps.
J'aurai l'esprit de répartie demain.

71

Sur Zappa coule du jazz brûlant,
il gratte une guitare
aux vibratos inhumains.
Je me remets au chevet des mots;
la veillée des morts-qui-ressuscitent
se poursuit langoureusement.

Je n'ai pas lu Kerouac depuis deux ans.
Samedi ; mes rêves jusqu'à demain midi
s'y suspendent entre réalité & chimères.
Il m'apprend au dernier moment la situation.

72

Si ne me forçais pas,
j'arrêterai l'histoire ici.
Comme je dois terminer mon travail,
j'écris encore
des mots & des souvenirs.
Juste une pause
la nuit sera trop courte pour évoquer Memphis & plus que quelques jours avant l'échéance.
je me calme en écoutant le Boose bros revue.
Chacun son rythme.

73

Pas le temps, se brûler les doigts au propre
couper la ligne d'écriture
comme John Sinclair en Louisiane
jouer l'engloutissement de l'encre noire
sinueuse vague remplie du temps
contre lequel le liseur
[ou celui-là par hasard]
s'échoue

il est 4h-am
ante méridien veneris dies
le dico mais où je l'ai fourré?
ah juste là [1882]
merci. & ça part

74

Voir la vie en elle-même belle & simple
contempler le temps;
accepter tout jusqu'à la fin
& en même temps, nier la réalité en bloc.
une théorie est bonne si elle donne envie d'y toucher.

[ce qui touché peut enfin exister:
la vérité se sent...
attention! se jouer des démons de la facilité].

L'expérience n'est pas
une fioriture de la vie:
laisse-toi modeler &
tu comprendras que la Vérité
est toujours là en toi mais
aussi partout ailleurs:
dans ce qu'on ne connaît pas
& chez ceux qu'on ne voit pas.

75
Là je m'assoie; je me repose
& je pense à ma soif.
Ta journée a été créée pour que tu la vives:
marche donc
pour ne pas passer ta vie sans te rendre des comptes!

"Allez voir tous les villages, vérifiez chaque carte
& dites bonjour à tous les hommes du monde.
Vous aussi, aimez-les."

76
Alors je les laisse.
Si on m'enferme j'écris
& si on me chasse
je suis content. Mon esprit s'emballe
j'ai peur
mais qu'est-ce qui sera écrit
à l'heure où il me faudra arrêter?
Aucune importance
je n'aurai rien écrit d'autre de ma vie

Ce qu'il y a là, c'est tout
ce que j'ai pu faire en une semaine
... je n'aime pas je m'ennuie en relisant
tant pis
tout doit être dit ça remplit des pages
il m'en faut des dizaines
je ne peux pas tout faire!
Je suis seul dans cette ville dont tous les habitants
sont mus. par leurs habitudes...
Chaque matin
leurs trajets mortellement inconscients!
imaginez s'ils devaient réfléchir à où poser
chacun des pas
pour aller au bureau au métro?
c'est donc fort bien ainsi.

“ Voici la fin de nos paroles ;
nous avons été aussi concis que possible. ”

Proof

62786543R00149

Made in the USA
Charleston, SC
18 October 2016